Maren Busch

Selbstorganisiertes Lernen

Ein systemisches Unterrichtskonzept praktisch erprobt
im Fach Werte und Normen in einer 7. Hauptschulklasse

Busch, Maren

Selbstorganisiertes Lernen
Ein systemisches Unterrichtskonzept praktisch erprobt im Fach Werte und Normen in einer 7. Hauptschulklasse

ISBN: 978-3-86741-702-0
Auflage: 1
Erscheinungsjahr: 2011
Erscheinungsort: Bremen, Deutschland

© Europäischer Hochschulverlag GmbH & Co KG, Fahrenheitstr. 1, 28359 Bremen

www.eh-verlag.de

Cover: Foto © S. Hofschlaeger/pixelio.de

Maren Busch

Selbstorganisiertes Lernen

1. Vorwort ... 1
2. Vorstellung des SOL-Konzepts ... 4
   2.1 Was ist SOL? ... 4
      2.1.1 Welche Ziele verfolgt das SOL-Konzept? ... 6
      2.1.2 Welche Einsatzmöglichkeiten gibt es für SOL? ... 9
   2.2 Methodisch-Didaktische Grundlage ... 10
      2.2.1 Das Sandwichprinzip ... 10
      2.2.2 Der Advance Organizer ... 13
      2.2.3 Das Gruppenpuzzle ... 14
   2.3 Prinzip der Selbstorganisation ... 16
      2.3.1 Fraktale der Natur ... 16
      2.3.2 Fraktale Unterrichtsorganisation ... 17
   2.4 Die neue Lernkultur ... 20
      2.4.1 Die Lehrerrolle ... 21
      2.4.2 Die Fehlerkultur ... 23
      2.4.3. Die Feedbackkultur ... 24
   2.5 Die Leistungsbeurteilung ... 25
      2.5.1 Die Lehr-Lernvereinbarung ... 26
      2.5.2 Das Beurteilungsblatt ... 27
3. Planung und Durchführung einer SOL-Einheit ... 30
   3.1 Theoretischer Ansatz ... 30
   3.2 Praktische Erfahrungen ... 31
4. SOL-Unterrichtsbeispiel ... 38
   4.1 Stellung der 90-minütigen SOL-Einheit in der Unterrichtseinheit ... 39
   4.2 Kompetenzen der 90-minütigen SOL-Einheit ... 43
      4.2.1 Inhaltsbezogene Kompetenzen ... 43
      4.2.2 Prozessbezogene Kompetenzen ... 43
   4.3 Lernziele der 90-minütigen SOL-Einheit ... 44
      4.3.1 Groblernziel ... 44
      4.3.2 Feinlernziele ... 44

4.4	Lerngruppenanalyse		45
	4.4.1	Arbeits- und Sozialverhalten	45
	4.4.2	Lernvoraussetzungen	46
4.5	Sachanalyse		47
	4.5.1	In Bezug auf den Inhalt	47
	4.5.2	In Bezug auf die Hauptmethode (Das Gruppenpuzzle)	48
4.6	Didaktische Analyse		50
	4.6.1	Allgemeine Begründung des Themas und Angabe im Kerncurriculum	50
	4.6.2	In Bezug auf das Fach	51
	4.6.3	In Bezug auf die Schüler	51
	4.6.4	Didaktische Reduktion	52
4.7	Methodische Analyse		53
5. Erfahrungsberichte			57
5.1	Die mündliche Feedbackrunde		57
5.2	Das schriftliche Feedback		60
	5.2.1	Schülergruppenfeedback 1	61
	5.2.2	Schülergruppenfeedback 2	62
	5.2.3	Schülergruppenfeedback 3	63
	5.2.4	Schülergruppenfeedback 4	64
	5.2.5	Schülergruppenfeedback 5	66
	5.2.6	Meine Erfahrungen mit der 90-minütigen SOL-Einheit (Reflexion)	67
6. Fazit			72
Bibliografie			77
Anhang			80

1. Vorwort

„Der eigentliche Zweck des Lernens ist nicht das Wissen, sondern das Handeln."

(Herbert Spencer (1820-1903), engl. Philosoph u. Sozialwissenschaftler).[1]

Dieser bereits über hundert Jahre alte Ausspruch hat im Laufe der Jahre kein bisschen an Gültigkeit oder Bedeutung verloren - ganz im Gegenteil. Bereits die letzte PISA-Studie im Jahre 2001 zeigte, dass es den Schülern nicht unbedingt an „Wissen" fehlt, sondern vielmehr an „Können".[2] Die neueste PISA-Studie (PISA-Studie 2009, veröffentlicht am 07.12.2010), die sich schwerpunktmäßig mit der Lesekompetenz[3] der 15-jährigen beschäftigte, kommt zu ähnlichen Ergebnissen.[4] Auch wenn sich die PISA-Ergebnisse in den letzten neun Jahren verbessert haben,[5] wird deutlich, dass Handlungsbedarf besteht und dass es sowohl in den Elternhäusern als auch in den Schulen zu einer Umstrukturierung kommen sollte. Solch eine Umstrukturierung könnte beispielsweise eingeleitet werden durch die Um-

---

1 vgl. Zielske, I.: Handlungsorientierter Unterricht ist projektorientierter Unterricht, Seite 56
2 vgl. Herold, M./Landherr, B.: SOL, Seite 91
3 Anm.: „Lesekompetenz (Reading Literacy) heißt, geschriebene Texte zu verstehen, zu nutzen und über sie zu reflektieren, um eigene Ziele zu erreichen, das eigene Wissen und Potenzial weiterzuentwickeln und am gesellschaftlichen Leben teilzunehmen"
(vgl. http://www.oecd.org/dataoecd/36/56/35693281.pdf, Seite 16)
4 vgl. http://www.oecd.org/document/8/
0,3343,de_34968570_35008930_46582920_1_1_1_1,00.html.
5 siehe hierzu Anhang Seite I.

stellung auf ein neues Konzept wie etwa das Konzept des Selbstorganisierten Lernens (SOL).

„Das Konzept SOL stellt einen didaktisch und methodisch systematisch begründeten Rahmen bereit, welcher sich aus verschiedenen pädagogischen, lern- und sozialpsychologischen sowie didaktischen Quellen speist. Im Konzept SOL vereinigen und bereichern sich Ansprüche an die fachlichen Kompetenzen sowie Potenzialen einer sozialen, methodischen und didaktischen Struktur des Lernens."[6]

Ich hatte meinen ersten SOL-Kontakt infolge einer schulinternen Fortbildung im Frühjahr 2010. Mein Interesse an diesem neuen, und mir bis dahin unbekannten Konzept wurde bereits während der ersten Fortbildungsstunden geweckt. Da die Erläuterungen zu diesem Konzept nicht anhand eines Vortrages erfolgten, sondern mithilfe der beim SOL empfohlenen Methoden, bekamen wir Lehrer gleich einen praktischen Einstieg in das neue Thema. Uns wurde von der ersten Minute an deutlich gemacht, dass es sich beim SOL nicht um ein „Allheilmittel" handele und dass es selbstverständlich viel Übung bedürfe.

Nach Beendigung der Fortbildung setzte ich mich mit zwei Kolleginnen zusammen und überlegte, ob und wie dieses Konzept auf unsere Schüler[7] übertragbar sei. Wir

---

6 vgl. Herold, M./Landherr, B.: SOL, Seite 91-92
7 Anm.: Die geschlechtsspezifischen Bezeichnungen „Schülerinnen und Schüler" werden im Folgenden zu Gunsten der besseren Lesbarkeit auf die Bezeichnung „Schüler" reduziert. Der Grundsatz der Gleichberechtigung bleibt jedoch unberührt.

einigten uns darauf, nach den Sommerferien gemeinsam das Benotungssystem sowie einige der Methoden in einer Klasse einzuführen. Leider kam es, wie so häufig, auch in diesem Fall anders als geplant. Nach den Sommerferien kamen neue Schüler in die ausgewählte Klasse und es kam vermehrt zu Disziplinproblemen. Die Klassenlehrerin entschied sich deshalb verständlicherweise dazu, vorerst von der Einführung des SOL-Konzeptes abzusehen und lieber Sozialtraining durchzuführen. Auch die zweite Kollegin nahm Abstand von der Idee, SOL einzuführen. So entschied ich mich, alleine einige Disziplinen des SOL zu übernehmen und durchzuführen. Ich erhoffte mir dadurch, selbst vermeintlich schwierige Schüler zu guten Arbeitsergebnissen verhelfen zu können und sie so intrinsisch zu motivieren. Zudem wollte ich mithilfe vermehrter Gruppenarbeitsphasen den Klassenzusammenhalt fördern. So führte ich nach den Sommerferien 2010 in einer siebten Hauptschulklasse in Delmenhorst Ansätze des Selbstorganisierten Lernens ein.

Im Folgenden werde ich zuerst das Konzept des SOL genauer erläutern, bevor ich anschließend die Planung und Durchführung einer 90-minütigen SOL-Einheit vorstelle. Zum Schluss erfolgen Erfahrungsberichte der Schüler und von mir sowie ein Fazit, ob meine Hoffnungen, die ich an die Einführung des Konzepts gestellt habe, erfüllt wurden.

2. Vorstellung des SOL-Konzepts

Seitdem es die Schule gibt, wird auch über ihre Verbesserung nachgedacht. Es kam und kommt immer wieder zu Reformvorschlägen, die das Lernen und Lehren in der Schule optimieren sollen. Häufig werden neue Methoden eingeführt, die das Lernen verbessern und die fachliche Kompetenz der Schüler steigern sollen. Oft werden diese Methoden jedoch nach einigen Bemühungen wieder fallen gelassen und es wird auf die herkömmliche Lehrmethode zurückgegriffen. Um dieser Gefahr vorzubeugen, sollte in Systemen gedacht werden. SOL ist daher ein systemischer Unterrichtsansatz. Das bedeutet, dass SOL nicht nur darauf abzielt, neue Methoden in den Unterricht zu bringen, sondern den gesamten Unterricht zu verändern. Dieses geschieht durch verschiedene Felder, die im Weiteren vorgestellt werden sollen.

2.1 Was ist SOL?

SOL ist nicht einfach nur eine neue Methode.
SOL steht für eine Selbstorganisation des Unterrichts von Lernenden und einen Rückzug des Lehrenden. Im Optimalfall fordert SOL den vollständigen Rückzug des Lehrenden und eine damit verbundene komplette Selbstorganisation des Unterrichts durch die Lernenden. Bis dieser Optimalfall erreicht ist, bedarf es jedoch einer langen Zeit der Vorbereitung und des Trainings. Um sich an das gesetzte Ziel heranzuarbeiten, nimmt SOL Abstand von der spontanen Einführung, wie es häufig mit Methoden geschieht. Das SOL-Konzept besteht aus vielen verschiedenen Unterrichtsdisziplinen, die neben dem eigentlichen Unterricht eingeführt

werden sollten, beispielsweise ein neues System der Benotung oder ein Feedbacksystem. Da SOL aus vielen solcher Systeme besteht, die wie ein Netz ineinandergreifen, wird es auch als systemischer Unterrichtsansatz bezeichnet. Dieses ist auch ein Grund dafür, weshalb SOL nicht durch eine spontane Entscheidung eingeführt werden kann, sondern stets gut durchdacht und geplant werden muss. Um SOL besser verstehen zu können, ist es sinnvoll, das Konzept in Abgrenzung zu anderen pädagogischen Unterrichtsansätzen zu betrachten. In den meisten dieser Ansätze ist es besonders wichtig, minutiös den Unterricht zu planen, damit auch alles, sowohl fachlich als auch methodisch, seinen Platz bekommt. SOL stellt an dieser Stelle den Lernenden frei, wie viel Zeit sie für die Erarbeitung einer Aufgabenstellung benötigen. Die einzige Angabe ist das Erreichen des Ziels.[8] Zudem fordert SOL den Rückzug des Lehrenden.[9] Anders als im Frontalunterricht, der durch die Lehrerzentrierung gekennzeichnet ist und in dem die Vermittlung des Fachwissens im Vordergrund steht, welches am Ende der Unterrichtseinheit durch eine Lernzielkontrolle abgefragt wird, versucht SOL die Gewinnung des Fachwissens und auch die Überprüfung der Lernziele in Eigenorganisation durch die Schüler zu erreichen. Dennoch ist SOL kein selbstgesteuertes Lernen. Im selbst gesteuerten Lernen bestimmt der Lernende nicht nur selber die Zeit sowie die Organisation zur Erbringung des Lernzieles, er bestimmt auch selber das Ziel sowie den Lerninhalt und die Lernform.[10] Dieses wird jedoch beim SOL vom Lehrenden vor-

---

8 vgl. Herold, M./Landherr, B.: SOL, Seite 5
9 vgl. ebd., Seite 12
10 vgl. Neber, H: Selbstgesteuertes Lernen

gegeben, da die Lerninhalte sowie die Zielformulierungen in den Lehrplänen vorgegeben sind. SOL versucht innerhalb dieses Rahmens, die Schüler zur eigenen Organisation des Lernstoffes zu ermutigen und ihnen möglichst große Spielräume einzurichten. Die größten Übereinstimmungen finden sich bei der Betrachtung des handlungsorientierten Unterrichts.[11] In beiden Unterrichtsansätzen sollen die Schüler selbstständiger werden. Es findet also eine Unterrichtswandlung, weg vom lehrerzentrierten und hin zum schülerzentrierten Unterricht, statt. Zudem müssen die Schüler die erforderlichen Methoden und Kompetenzen kennen, trainieren und irgendwann beherrschen. Außerdem wird die Individualität des Lernprozesses zunehmend berücksichtigt, da die Schüler für ihre eigene Unterrichtsorganisation zuständig sind und somit ihre eigenen Vorlieben mit einbringen können.

Bei der Einführung des SOL-Konzepts ist zu bedenken, dass die Schüler vorwiegend den herkömmlichen lehrerzentrierten Unterricht kennen, und nicht sofort und ohne Vorbereitung den Anforderungen des SOL genüge werden können.

2.1.1 Welche Ziele verfolgt das SOL-Konzept?

Das wichtigste Ziel des SOL-Konzepts ist es, den Unterricht soweit zu verändern, dass die komplette Organisation in Schülerhand gegeben werden kann. Da dieses nicht oder nur begrenzt möglich ist, wenn lehrerzentrierter Unterricht stattfindet, ist es wichtig, den Schülern zum Erwerb der benötigten Kompetenzen zu verhelfen. Aufgrund dessen kann der Erwerb dieser

---

11 vgl. Landesinstitut für Erziehung und Unterricht

einzelnen Kompetenzen als eigentliches Ziel des SOL-Konzepts genannt werden. Das SOL verfolgt demnach das Ziel, den Schülern Handlungskompetenzen zu vermitteln. Als Handlungskompetenzen werden Schlüsselqualifikationen verstanden, die als

„*erwerbbare allgemeine Fähigkeiten, Einstellungen und Strategien, die bei der Lösung von Problemen und beim Erwerb neuer Kompetenzen in möglichst vielen Inhaltsbereichen von Nutzen sind.*"[12]

Das SOL-Konzept summiert unter dem Begriff der Handlungskompetenz die Fachkompetenz, die Methodenkompetenz, die Sozialkompetenz sowie die Persönlichkeitskompetenz.[13] Infolge des Erwerbs der Methodenkompetenz versucht das SOL-Konzept verschiedene Arten der Informationsbeschaffung (Bücher, Internet, Zeitschriften, etc.), Planungsfähigkeit sowie problemlösendes Denken zu vermitteln. In den Bereich des Sozialkompetenzerwerbs gehören die Förderung der Kommunikationsfähigkeit, das Fördern der Entwicklung von Gemeinschaften sowie auch die Persönlichkeitsentwicklung jedes einzelnen Schülers. Die Förderung der Persönlichkeitskompetenz soll zur Stärkung eines realistischen Selbstbildes ebenso zur Bereitschaft, eine soziale Verantwortung für sich und andere zu übernehmen, beitragen. Die Schlagworte dieser Kompetenz sind daher Aufgeschlossenheit, Ausstrahlung sowie Belastbarkeit und Eigeninitiative. Den Begriff der Fachkompetenz definiert das SOL-Konzept neu, auch wenn es deutlich darauf hinweist, dass es den Erwerb von

---

12 vgl. Fasholz, J.: Anforderungen an eine allgemeine technische Bildung aus Sicht der Wirtschaft, Seite 554
13 vgl. Herold, M./Landherr, B.: SOL, Seite 20

Fachwissen mit an vorderste Stelle stellt.[14] Für das SOL ist es wichtig, dass die Vermittlung des Fachwissens sehr eng mit der Vermittlung der anderen Schlüsselqualifikationen zusammenhängt. Ein Grundsatz lautet daher:

„Die Schule soll nicht Fachwissen im Austausch mit anderen Qualifikationen vermitteln, sondern in Ergänzung zum Fachwissen."[15]

Innerhalb des SOL wird das Fachwissen daher als „FachwissenPLUS"[16] bezeichnet. Zu den typischen Anforderungen des „FachwissenPLUS" gehört beispielsweise neben dem Verstehen eines Fachtextes auch das Zusammenfassen des Wesentlichen dieses Textes. So wird neben der Fachkompetenz auch die Methodenkompetenz gefördert. Ein weiteres Beispiel, das diese beiden Kompetenzen anspricht, ist das Bewerten und Verstehen von Informationen, die von den Schülern selbst mithilfe von neuen Medien erarbeitet wurden. Das kreative Darstellen von Sachinhalten zählt ebenfalls zu den Anforderungen, die zum „FachwissenPLUS" gehören.

Um diesen Anforderungen, dem „FachwissenPLUS" gerecht zu werden, ist es selbstverständlich, dass sie geübt werden müssen und nicht sofort erreicht werden können.

---

14 vgl. Herold, M./Landherr, B.: SOL, Seite 27
15 vgl. ebd.
16 vgl. ebd.

2.1.2 Welche Einsatzmöglichkeiten gibt es für SOL?

Das SOL-Konzept kann als eine zweistündige Einheit im Fachunterricht, als Projekt oder als Schulkonzept durchgeführt werden.[17] Da es sich beim SOL jedoch nicht nur um eine Methode handelt, die einmalig durchgeführt wird oder in einem Methodentag erlernt werden soll, sondern um ein ganzes Konzept, ist es sicherlich besser, SOL längerfristig durchzuführen. Im Optimalfall entschließt sich ein ganzes Kollegium, SOL durchzuführen. Dieses muss selbstverständlich nicht die ganze Schule betreffen. Es ist auch möglich, SOL klassenweise ein- und durchzuführen. Da das erklärte Ziel vom SOL die vollständige Selbstständigkeit der Schüler ist und diese nicht innerhalb von zwei oder drei Stunden erreicht werden kann, bedeutet die Einführung des Konzepts auch kontinuierliche Arbeit mit und am SOL. Da SOL in jedem Fach eingeführt werden kann,[18] ist es möglich, eine Klasse oder auch eine ganze Schule auf das SOL-Konzept mit all seinen Disziplinen umzustellen. In diesem Fall könnte auch fächerübergreifender Unterricht nach dem SOL-Konzept stattfinden. Dieses könnte in der Organisationsform des Gruppenpuzzles[19] stattfinden, wobei die Themen A, B und C durch die Fächer A, B und C ersetzt werden könnten.

---

17 vgl. ebd., Seite 5
18 vgl. Herold, M./Landherr, B.: SOL-Praxisbände
19 siehe hierzu Punkt 2.2.3: Das Gruppenpuzzle

2.2 Methodisch-Didaktische Grundlage

Dem SOL-Konzept liegt eine nichtlineare Didaktik zugrunde,[20] daher ist seine Grundlage auch das Sandwichprinzip. Zur Visualisierung dieses Ansatzes dient der Advance Organizer (siehe Seite 10). Organisiert wird dieses Prinzip häufig als Gruppenpuzzle, da es sich sehr gut eignet. Da diese drei Elemente besonders wichtig für das SOL sind, müssen sie im Folgenden näher erläutert werden.

2.2.1 Das Sandwichprinzip

Vom Wortursprung bedeutet Sandwich „einschieben" oder „dazwischenklemmen", und so ist es auch zu verstehen; das Sandwichprinzip steht für einen Wechsel zwischen kollektiven und individuellen Arbeitsphasen. Dieses ist von Vorteil, da viele verschiedene Lerntypen, Lernbedürfnisse und Lernwege angesprochen werden. Der Methodik sind innerhalb dieses Wechsels keinerlei Grenzen gesetzt. Besonders zu Beginn der Einführung des SOL-Konzepts ist es auch durchaus möglich, ein fragend-entwickelndes Unterrichtsgespräch oder sogar einen Lehrervortrag einzuschieben. Der Lehrervortrag sollte jedoch nicht die selbstständige Arbeit der Schüler ersetzen, sondern nur zur Ergänzung fachlicher Informationen dienen. Zudem sollte er nicht länger als fünf bis zehn Minuten dauern und möglichst auch nicht durch Fragen der Schüler unterbrochen werden. Die Fragen können im Anschluss an den Vortrag geklärt werden.[21]

---

20 vgl. http://lehrerfortbildung-bw.de/unterricht/sol/ --> Advance Organizer
21 vgl. Herold, M./Landherr, B.: SOL, Seite 79

Die folgende Architektur[22] eines Sandwichprinzips ist lediglich ein Beispiel. Je nach Fortschritt der Lerngruppe kann sie individuell verändert und geöffnet werden. Im Optimalfall konstruieren die Schüler ihre eigene Sandwich-Architektur, in der sie arbeiten möchten. Die folgende Architektur ist von unten nach oben zu lesen und beginnt mit der Präsentation des Advance Organizer durch die Lehrkraft. Anschließend erfolgt eine Einarbeitung in die Aufgabenstellung in Einzelarbeit. Danach bespricht die Gruppe ihren Zeitplan, bevor sich jeder Einzelne mit der Thematik vertraut macht. Ist dieses geschehen, folgt eine Diskussion des Gelesenen. Die Schüler erstellen ihre individuellen Infoblätter, bevor eine Planung der Präsentation beginnt. Bis zum Stunden- oder Einheitsende wird die Struktur, dass abwechselnd in Gruppen- und Einzelarbeit gearbeitet wird, beibehalten. Der Dachstuhl des Sandwichhauses wird durch einen Leistungsnachweis oder Ähnliches gebildet. Hierbei ist jedoch nicht der herkömmliche Leistungsnachweis in Form einer Klassenarbeit gemeint. Vielmehr sollen hier verschiedenste Methoden angewandt werden. Beispielsweise eine Kartensortiermethode, ein Domino oder Ähnliches. Je nachdem, was zum Thema passt und sich eignet.

---

22 vgl. ebd., Seite 80

SOL

Beispiel einer Unterrichtsarchitektur „Sandwich"

Leistungsnachweis – Beurteilung - Feedback

E		Transferaufgaben
P		Lehrervortrag
E		Reflexion der Präsentation
P		Präsentationsdurchführung
E		Individuelle Präsentationsvorbereitung
G		Teampräsentation planen
E		Erstellen individueller Infoblätter
G		Diskussion Fachinhalte
E		Stillarbeit / Lesen
G		Arbeitszeitplan erstellen
E		Einarbeitung in den Arbeitsauftrag
Advance Organizer / P		Präsentation Fachlehrer

Organisatorischer Rahmen: Arbeit in Gruppen mit gleicher Aufgabenstellung

P	Plenum	|||	Kollektiv
G	Gruppe	|||	Individuell
E	Einzelarbeit	<	Kollektiv
		...	Erweiterung möglich

©Landherr 2007

2.2.2 Der Advance Organizer

Die tragende Säule des Sandwichhauses ist der Advance Organizer. Wie ein Referent zu Beginn seines Referats versucht, seinen Zuhörern das Thema, um das es gehen wird, transparenter zu gestalten, so sollte auch die Lehrkraft zu Beginn des Unterrichts seinen Schülern das Folgende offenlegen. Ein Überblick über das Kommende lässt letztlich das Ziel klarer erkennen und verstehen. Der Advance Organizer[23] versucht nicht nur das Folgende transparent zu machen, sondern er hilft auch dabei, das Bekannte einordnen zu können. Er versucht also, Verknüpfungen des bereits Bekannten mit dem Neuen zu schaffen. Dieses versucht er mit Bildern, Grafiken, Begriffen oder auch kurzen Texten zu erreichen.

Es muss jedoch deutlich gemacht werden, dass es sich bei dem Advance Organizer nicht um einen zeitlichen Ablauf oder Ähnliches handelt. Der Advance Organizer ist nicht linear aufgebaut, sondern, passend zur gesamten Didaktik des SOL, nichtlinear. Sobald der Tages- oder Veranstaltungsverlauf deutlich und zeitlich abgesteckt wird, handelt es sich nicht um einen Advance Organizer, sondern lediglich um einen herkömmlichen Verlaufs- oder Tagesplan.

Der Advance Organizer soll zu einer gezielten Aufmerksamkeit beitragen, indem er dem Schüler hilft, relevante Informationen auszuwählen und zu speichern. Zudem soll er die neuen Informationen mit den bereits vorhandenen verknüpfen und so zu einer Steigerung der

---

23 Anm.: Das Wort "advance" bedeutet „vorausgehend". Bei dem Advance Organizer handelt es sich dem Wortlaut nach also um etwas, was das Vorausgehende organisieren soll.

Lernleistung beitragen. Der Advance Organizer verhilft zudem, Missverständnisse zu vermeiden, da Sachverhalte leichter in den richtigen Zusammenhang gebracht werden können und nicht mit ähnlichen Punkten verwechselt werden. Außerdem soll das vorgegebene Informationsgerüst gegen das Vergessen vorbeugen, da erwiesen ist, dass die meisten Menschen in Strukturen denken und nicht in einzelnen Begriffen.[24]

2.2.3 Das Gruppenpuzzle

Das Gruppenpuzzle bildet die organisatorische Struktur des SOL-Konzepts. Es sollte nicht als einzelne Methode dastehen, sondern stets in das Sandwichprinzip von kollektiven und individuellen Lernphasen eingebunden sein.[25]

Das Gruppenpuzzle gliedert sich in 3 Phasen. Die erste Phase besteht aus dem Treffen in den sogenannten Stammgruppen. Hier wird vorab das Arbeiten in dem Gruppenpuzzle erklärt und der Advance Organizer präsentiert. Die Schüler der einzelnen Gruppen wählen sich nun einen der vorgegebenen Informationstexte, mit dem sie arbeiten möchten und den sie in der 3. Phase ihren Gruppenmitgliedern vorstellen möchten. In der 2. Phase treffen sich die Mitglieder der verschiedenen Stammgruppen, die zu dem gleichen Thema arbeiten in den sogenannten Expertengruppen. In den Expertengruppen wird das jeweilige Thema erarbeitet und die Schüler dieser Gruppe überlegen gemeinsam, wie sie den Mitgliedern ihrer Stammgruppe das Thema erklären können. Eventuell werden kleine Skizzen, Pla-

---

24 vgl. Herold, M./Landherr, B.: SOL, Seite 64
25 vgl. ebd., Seite 78

kate oder andere Erklärhilfen angefertigt. In der 3. Phase treffen sich die Mitglieder der Stammgruppe wieder. Sie erklären sich nun gegenseitig das jeweilige Thema, in dem sie nun Experte sind. Der Lehrer steht während der gesamten Arbeitsphase helfend und beratend zur Seite. Die Gruppen sollten nicht aus mehr als drei bis vier Schülern bestehen, um ein gutes Arbeitsklima zu realisieren.

Der Vorteil des Gruppenpuzzles ist, dass sich jeder Schüler aktiv am Unterricht beteiligen muss und auch ruhigere Schüler zu Wort kommen. Die Mitarbeit jedes Einzelnen führt letztlich zum Ziel. Das Gruppenpuzzle ist auch deshalb die optimale Methode des SOL-Konzepts, da hier die fraktale Organisation[26] deutlich wird. Der Grundsatz der Einfachheit des Grundmusters und der Selbstähnlichkeit spiegelt sich deutlich in dieser Methode wieder.[27]

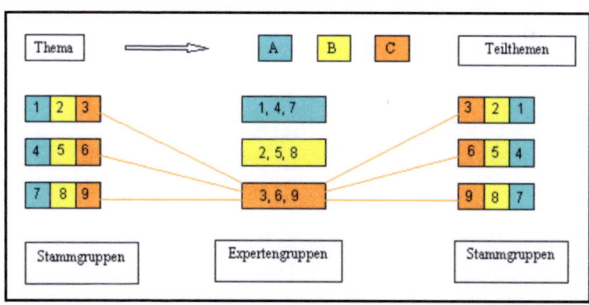

Landherr 2007

---

26 siehe hierzu Punkt 2.3.1 Fraktale der Natur
27 Herold, M./Landherr, B.: SOL, Seite 40

2.3 Prinzip der Selbstorganisation

Das SOL geht davon aus, dass eine Lerngruppe, egal in welchem Alter oder in welcher Schulstufe sie sich befindet, nicht von sich aus in der Lage ist, ihren Lernprozess selber zu organisieren.[28] Die einfache Begründung dieser Aussage liegt in den jeweiligen, unterschiedlichen Interessen und Zielsetzungen der einzelnen Schüler. Jeder Schüler einer Lerngruppe verfolgt andere Ziele und hat individuelle Interessen, die das Erreichen einer gemeinsamen Unterrichtsorganisation erschweren oder sogar behindern. Das Einfachste wäre an dieser Stelle, aus den vielen verschiedenen Individuen eine Einheit zu bilden. Um diesen Schritt jedoch zu vermeiden, versucht SOL sich Selbstorganisationsprinzipien aus der Natur zu eigen zu machen. Um diese Prinzipien der Natur verstehen zu können, ist es wichtig, diese genauer zu betrachten.

2.3.1 Fraktale der Natur

In vielen Bereichen organisiert sich die Natur in „selbstständig agierenden Organisationseinheiten",[29] den sogenannten Fraktalen.[30] Charakteristisch für sie ist ihre

---

28 vgl.: Herold, M./Landherr, B.: SOL, Seite 29
29 vgl.: Herold, M./Landherr, B.: SOL, Seite 29
30 Anm.: Der Begriff "Fraktal" leitet sich aus dem lateinischen Wort "frangere - frango - fractum" = brechen, zerbrechen, abbrechen ab. Er wird als "vielfach gebrochen", "stark gegliedert" beschrieben (vgl. Duden, Bd. 5, Seite 272). In der Wissenschaft geht der Begriff auf den französischen Mathematiker und Mitbegründer der Chaostheorie Benoit Mendelbrot (geboren 1920 in Warschau) zurück. Es belegt dabei das zentrale Phänomen der Chaostheorie, dass in regelmäßigen und berechenbaren Intervallen stets Strukturen der Ordnung auftauchen, die sich wiederholen und außerdem dem Ganzen oder dem Kleinsten stets ähn-

Einfachheit des Grundmusters und ihre Selbstähnlichkeit,[31] ihre Selbstorganisation und Zielorientierung sowie ihre Selbstoptimierung und Dynamik. Am einfachsten sind Fraktale zu erklären, wenn man sich einmal das Bild eines Baumes mit seinen Wurzeln und seinen Ästen vor Augen ruft. Charakteristisch für einen Baum ist sein unverwechselbares Aussehen, das Wachsen seiner Äste in viele verschiedene Richtungen. Diese Äste sind zwar (selbst) ähnlich, jedoch nicht identisch (Einfachheit des Grundmusters und Selbstähnlichkeit); genau wie die Wurzeln eines Baumes. Zudem verfolgen die Wurzeln alle selbstständig das gleiche Ziel (Selbstorganisation und Zielorientierung); sie sind auf der Suche nach Wasser. Diese Suche organisieren sie nicht nur selbstständig, sondern auch dynamisch. Ändert sich der Ort des Wassers, ändern die Wurzeln die Richtung, in die sie wachsen (Selbstoptimierung und Dynamik).[32] Diese Eigenschaften können nicht getrennt betrachtet werden. Nur ein Zusammenspiel aller drei Faktoren macht ein Fraktal aus.

2.3.2 Fraktale Unterrichtsorganisation

Um das Prinzip der natürlichen Fraktale im Unterricht nutzen zu können, müssen Ansätze entwickelt werden, die deren Eigenschaften widerspiegeln. In der Natur bezeichnet ein Fraktal eine, wie bereits erwähnt, *„selbst-*

---

lich sind (Selbstähnlichkeit). Vereinfacht gesagt: Struktur in Struktur in Struktur.... (vgl. Ciompi, L.: Die emotionalen Grundlagen des Denkens, Seite 137)
31 Anm.: Als Beispiel hierfür gilt die "Kochsche Schneeflocke". Siehe hierzu Anhang Seite I
32 vgl. Herold, M./Landherr, B.: SOL, Seite 36

ständig agierende Organisationseinheit".[33] Übertragen auf die Schule könnte es sich beispielsweise um eine Lerngruppe, eine Klasse, eine Jahrgangsstufe oder auch eine ganze Schule handeln, je nachdem wie die Zielformulierung lautet. Die erste Eigenschaft eines Fraktales ist die Einfachheit des Grundmusters und die Selbstähnlichkeit. In einer Schülergruppe kann diese Eigenschaft beispielsweise durch das Anwenden der Methode des Gruppenpuzzles[34] erzeugt werden. Diese Methode kann sowohl in kleinen als auch in großen Gruppen durchgeführt werden. Durch die Aufteilung in Stamm- und Expertengruppen wird eine selbstähnliche Struktur erzeugt, die zudem einfach in ihrem Grundmuster ist.[35]

Die zweite Eigenschaft eines natürlichen Fraktales ist die Selbstorganisation und Zielorientierung. Diese Eigenschaft ist nicht so einfach auf die Schule übertragbar. Während in der Natur alle Elemente Naturgesetzen folgen (wie etwa die Wurzeln des Baumes, die den Weg zum Wasser suchen) und somit die gleiche Zielorientierung haben, verfolgen Schüler in der Regel verschiedene Ziele. Dieses ist selbstverständlich auch gut und trägt zur Individualisierung jedes Einzelnen bei, erschwert aber die selbstständige Organisation der Arbeit in einer Gruppe. Aus diesem Grund ist es erforderlich, künstliche Ziele zu schaffen, die jedem Mitglied der Gruppe wichtig und richtig erscheinen. Am ehesten gelingt dieses, wenn das zu erreichende Ziel in einen Zielkreislauf eingebunden wird. Dabei ist es un-

---

33 vgl. Herold, M./Landherr, B.: SOL, Seite 39
34 siehe hierzu Punkt 2.2.3 Das Gruppenpuzzle
35 siehe hierzu die Grafiken zum Gruppenpuzzle. Punkt 2.2.3 Das Gruppenpuzzle

erheblich, ob es sich um ein fachliches, methodisches oder soziales Ziel handelt. Wichtig ist, dass jedem Schüler das Ziel selber klar ist sowie der Weg zur Zielerreichung und auch die Messung des Zieles. Danach sollte zudem im Voraus geklärt werden, welche Konsequenzen folgen. Diese Konsequenzen können positiver und negativer Natur sein. Wichtig ist nur, dass sie jedem Schüler klar sind. Diese Art der Zielorientierung gilt nicht nur für Lerngruppen, sie kann auch individuell mit jedem einzelnen Schüler durchgeführt werden. Dabei sollten die Ziele jedoch möglichst nicht vorgegeben werden, sondern vom einzelnen Schüler selber formuliert werden. In den meisten Fällen bedeutet dies, dass ein Schüler seine Zielnote festlegt, die er am Ende des Schuljahres erreichen möchte und den Weg dorthin selber organisieren muss. Dieses wird auf einer „Zielvereinbarung" oder „Lehr-Lernvereinbarung" festgehalten.[36]

Die letzte, aber nicht minder wichtige, Eigenschaft ist die Selbstoptimierung und Dynamik. Wie diese Eigenschaft in der Natur durch gegebene Naturgesetze erreicht wird (der Baum braucht das Wasser und orientiert so seine Wurzeln dynamisch in Richtung der Wasserquelle), braucht auch die Schule zur Erreichung dieser Eigenschaft Regeln. Die wichtigste Regel ist die Einhaltung der Rahmenbedingungen. In der Schule werden die Rahmenbedingungen durch Kerncurricula, Stundentafeln oder Räumlichkeiten vorgegeben. Die Einhaltung dieser Bedingungen ist eine Regel. Des Weiteren muss sich an bestimmte Eingangsgrößen gehalten werden. Zu den Eingangsgrößen gehören Arbeitsaufträge, orga-

---

36 siehe hierzu Punkt 2.5.1 Die Lehr-Lernvereinbarung.

nisatorische Vorgaben oder Vorgaben zum Zeitmanagement, die in die Gruppen gegeben werden. Gegen diese Eingangsgrößen darf nicht verstoßen werden, jedoch besteht die Möglichkeit, dass sie verändert werden. Dafür gibt es eine weitere Regel, nämlich die Feedbackregel. Wie die Schüler muss auch die Lehrperson ein Feedback zu der Arbeit mit Blick auf das Ziel geben. Hat entweder der Schüler oder der Lehrer das Gefühl, das Ziel gerät aus dem Blick, muss ein Feedback gegeben werden und die Eingangsgrößen werden geändert. Es ist wichtig, dass das Feedback immer eine Wirkung auf die folgende Arbeit hat.

Es kann also festgehalten werden, dass Schülergruppen durchaus mit natürlichen Organisationsformen verglichen werden können, jedoch unbedingt "künstliche" Gesetze und Regeln geschaffen werden müssen, damit sie auch funktionieren.

2.4 Die neue Lernkultur

SOL stellt nicht nur den organisatorischen und didaktisch-methodischen Rahmen des Selbstorganisierten Lernens, sondern führt auch eine neue Lernkultur ein. Aber was bedeutet eigentlich "Lernkultur"? Eine weit verbreitete Definition lautet:

„Lernkultur ist die Gesamtheit der für eine bestimmte Zeit typischen Lernformen und Lehrstile sowie die ihnen zugrunde liegenden anthropologischen, psychologischen, gesellschaftlichen und pädagogischen Orientierungen."[37]

---

37   vgl. Weinert, F. E.: Lernkultur im Wandel, in: Lernkultur im Wandel, Seite 12

Dieses trifft gut auf das SOL-Konzept zu, da es ein System aus vielen verschiedenen Unterrichtsdisziplinen (eine Gesamtheit) ist, die verschiedene Schlüsselqualifikationen (anthropologischen, psychologischen, gesellschaftlichen und pädagogischen) anzusprechen versuchen. Innerhalb der SOL-Lernkultur gilt es, gesteckte Ziele zu erreichen und eine gegenseitige Wertschätzung aufzubauen (sowohl zwischen Lernenden als auch zwischen Lernenden und Lehrenden). Diese beiden Grundsätze sind entscheidend, um Lernerfolge zu erzielen. Wichtig zur Einhaltung dieser Grundsätze sind zum einen die Professionalität des Lehrers und zum anderen das Einführen einer Fehlerkultur[38] und die Durchführung einer Feedbackkultur.[39]

2.4.1 Die Lehrerrolle

Eine genau definierbare Lehrerrolle gibt es nicht. Das Bild des Lehrers schwankt zwischen dem autoritären „Pauker", der seinen Schülern wegen jedes kleinen Vergehens mit Sanktionen droht und dem „Kuschelpädagogen", der jedem Schüler ein guter Freund sein will.[40] Letztlich verfolgt jedoch jeder Lehrer das gleiche Ziel, nämlich seinem Schüler etwas zu lehren. In den meisten Fällen bedeutet dieses, der Lehrer lehrt und der Schüler konsumiert das Gelehrte; er lernt. In diesem lehrerzentrierten Unterricht gibt der Lehrer den Unterrichtsablauf vor und der Schüler bringt sich an den von dem Lehrer geplanten Stellen aktiv ein. Der Lehrer wiederum kontrolliert diese Mitarbeit und überwacht

---

38 siehe hierzu Punkt 2.4.2 Die Fehlerkultur
39 siehe hierzu Punkt 2.4.3 Die Feedbackkultur
40 vgl.: Herold, M./Landherr, B.: SOL; Seite 164

die Aufmerksamkeit. Zudem gibt er dem Schüler mithilfe von Tafelanschriften und Übungsaufgaben den Unterrichtsstoff in fertiger Form vor. Diese klare Rollenverteilung des Lernenden und des Lehrenden versucht das SOL-Konzept aufzubrechen. Das bedeutet jedoch nicht, dass der Lehrer von heute auf morgen mit Einführung des SOL keinen Unterricht mehr geben muss und die Schüler alles selber organisieren. Ganz im Gegenteil: Der Lehrer wird zu einem Lernberater, der die Schüler anleitet und ihnen mithilfe von klaren Zielsetzungen und der Vorgabe von Eingangsgrößen[41] in ihrer Selbstorganisation beisteht. Um das Prinzip der Selbstähnlichkeit[42] zu erfüllen, hat er auch die Aufgabe darauf zu achten, dass jeder Schüler dasselbe lernt. Das erklärte Ziel des Wandels der Lehrerrolle ist es zwar, sich komplett aus dem Unterricht zu ziehen und den Schülern selber die Organisation ihres Lernens zu überlassen, jedoch muss erneut betont werden, dass es sich hierbei um einen schleichenden Prozess handelt und dass viel Zeit vergehen kann, bis es soweit ist. In dieser Zeit ist es die Aufgabe des Lehrers, den Schülern die benötigten Schlüsselqualifikationen zu vermitteln. Sobald das Lehren nicht mehr frontal erfolgt, hat der Lehrende mehr Zeit, je nach gewählter Unterrichtsmethode, sich individuell um den einzelnen Schüler zu kümmern und fördernd oder beratend zur Seite zu stehen. Zudem ergibt sich nun mehr Zeit, um auf arbeitsverweigernde Schüler oder Gruppen sowie auf andere Probleme, die nicht unbedingt das Fachliche, sondern vielmehr das Soziale betreffen, einzugehen. So kann jeder Schüler seinen Bedürfnissen entsprechend gefördert werden.

---

41 siehe hierzu Punkt 2.3.2 Fraktale Unterrichtsorganisation
42 siehe hierzu Punkt 2.3.2 Fraktale Unterrichtsorganisation

Neben dem Wandel vom lehrerzentrierten Unterricht zum selbst organisierten, schülerzentrierten Unterricht ist es sehr wichtig, eine Vertrauensbasis zwischen Lehrenden und Lernenden zu schaffen. Diese kann jedoch nicht verordnet oder gelehrt werden, sondern muss aufgebaut werden. Der Lehrende kann das Vertrauen der Schüler erlangen, indem er eine Transparenz und Offenheit in seinen Unterricht bringt. Das beinhaltet die Einführung des Advance Organizers[43] einerseits, aber auch die Abschaffung von unangekündigten Tests oder Ähnlichem andererseits. Die Schüler müssen der Lehrperson vertrauen können, ohne Angst vor unerwarteten Situationen haben zu müssen. Das bedeutet auch, dass Schüler bei Missverständnissen oder Fehlern nicht mit Strafen rechnen müssen; Fehler werden schließlich immer gemacht.[44]

2.4.2 Die Fehlerkultur

Was ist eigentlich ein Fehler? Landherr beschreibt einen Fehler wie folgt:

"Fehler sind zunächst nichts Negatives oder etwas worüber, man nicht sprechen sollte. Fehler sind nichts Weiteres als Abweichungen von einer vereinbarten oder allgemeingültigen Norm. Fehler können also nur gemacht werden, wenn die Bezugsnormen bekannt sind."[45]

---

43 siehe hierzu Punkt 2.2.2 Der Advance Organizer
44 Anm.: Das bedeutet jedoch nicht, dass ein Fehlverhalten keine Konsequenzen nach sich ziehen sollte. Grundsätzlich sollte erst einmal davon ausgegangen werden, dass Fehler nicht aus dem vollen Bewusstsein heraus gemacht werden, sondern aus Versehen geschehen.
45 vgl. Herold, M./Landherr, B.: SOL, Seite 182

Mit Blick auf diese Fehlerdefinition bedeutet eine Fehlerkultur nicht anderes als das Bekanntmachen eines Fehlers und die anschließende Prüfung der Bezugsnorm auf ihre Verständlichkeit. Nach Vollendung dieser Prüfung muss überlegt werden, wie dieser Fehler in Zukunft vermieden werden kann. Das SOL-Konzept macht das „Fehler machen" somit zu einem didaktischen Prinzip und sieht Fehler nicht als Defizit des Lernenden, sondern eher als Lernchance. Die Nutzung dieser Chance sicherzustellen ist Aufgabe des Lehrers. Dafür ist es wichtig, dass die Schüler von vornherein in Gruppen arbeiten. Hier werden häufig Fehler gemacht, die das soziale Miteinander betreffen. Diese Fehler sollten unbedingt diskutiert werden, um aus ihnen zu lernen. Die Lehrkraft muss zudem auf fachliche Fehler hinweisen und das Problem zur Diskussion stellen, jedoch niemals mit einer fertigen Lösung aufwarten, da bei der Vorgabe einer fertigen Lösung, die Schüler nicht aus ihren Fehlern lernen können.

Viele Fehler werden erst aufgedeckt, wenn das Ergebnis evaluiert wird. Daher ist es sehr wichtig, die Ergebnisse (auch Zwischenergebnisse) zu evaluieren und jedem, sowohl dem Schüler als auch dem Lehrer, die Möglichkeit zu einem Feedback zu geben.

2.4.3. Die Feedbackkultur

Das regelmäßige Feedback hat verschiedene Vorteile und unterstützt das SOL-Konzept an mehreren Stellen.

Durch ein regelmäßiges Feedback können zum einen Fehler aufgedeckt werden, die bisher nicht erkannt wurden. Dieses kann entweder durch das Lehrerfeedback, aber auch durch das Schülerfeedback geschehen.[46] Zum anderen kann durch die Einführung einer Feedbackkultur Vertrauen in eine Lerngruppe gebracht werden. Die Schüler wissen stets, wo sie stehen, da sie ein regelmäßiges Gespräch mit dem Lehrer führen, und auch der Lehrer kann ein Feedback zu seiner Lehrerpersönlichkeit einfordern, um so den Unterricht optimieren zu können. Beide Seiten werden transparent und somit vertrauenswürdig. Das Feedback kann mithilfe eines „Fragebogens", der sogenannten „Lehr-Lernvereinbarung",[47] stattfinden oder auch in einem persönlichen Gespräch. Beides hat seine Vorteile: Die Lehr-Lernvereinbarung ist etwas Längerfristiges und bietet sich an, um beispielsweise Lernfortschritte rückmelden zu können. Der Schüler ist so am Ende eines Schuljahres nicht vollkommen überrascht über seine Zeugnisnote, sondern weiß immer, wo er gerade steht. Das persönliche Gespräch dagegen bietet sich bei der Rückmeldung zu einem Arbeitsergebnis oder einem Teilergebnis an. Dieses Feedback kann beispielsweise zur Änderung der Eingangsgrößen[48] führen. Es sollte auch immer erfolgen, wenn ein neuer Arbeitsschritt eingeleitet wird.

2.5 Die Leistungsbeurteilung

Da das SOL-Konzept versucht, den herkömmlichen Unterricht zu reformieren und seine Zielsetzung dementsprechend zu wählen, ist es wichtig, auch die Benotung neu zu überdenken. SOL hat sich zum Ziel gesetzt, neben dem Fachwissen besonderen Wert auf Schlüsselqualifikationen wie Methodenkompetenz, Sozialkom-

---

46 vgl. http://lehrerfortbildung-bw.de/unterricht/sol/ --> Lernkultur
47 siehe dazu Punkt 2.5.1 Die Lehr-Lernvereinbarung
48 siehe hierzu Punkt 2.3.2 Fraktale Unterrichtsorganisation

petenz und Persönlichkeitskompetenz zu legen. Das bedeutet jedoch, dass diese Qualifikationen neben dem Fachwissen auch benotet werden sollten. Für das SOL-Konzept wäre es also wichtig, neben den Fächern wie Mathe, Deutsch etc. im Zeugnis auch Punkte wie beispielsweise Teamfähigkeit oder Ähnliches aufzuführen und zu benoten. Da dieses jedoch nicht möglich ist,[49] da alle erbrachten Leistungen des Schülers in die jeweilige Fachnote einfließen müssen, ist es wichtig, zumindest hier die genannten Schlüsselqualifikationen zu berücksichtigen und mit einzubringen. Da SOL einen selbst organisierten Unterricht durch die Schüler anstrebt, ist es wichtig, diese auch in die Notengebung miteinzubeziehen und durch die Schaffung von Transparenz Noten nicht als etwas Unberechenbares erscheinen zu lassen. Das SOL-Konzept nennt zur Erfüllung dieser Ansprüche zwei Möglichkeiten, die im Optimalfall ergänzend wirken sollten: das Beurteilungsblatt sowie eine Lehr-Lernvereinbarung.

2.5.1 Die Lehr-Lernvereinbarung

Die Lehr-Lernvereinbarung dient in erster Linie zur Schaffung von Transparenz und zur Unterstützung der Zielerreichung. Ihre Handhabung ist sehr einfach: Der Schüler notiert die Zeugnisnote, die er am Ende des Schuljahres erreichen möchte auf einem Blatt und formuliert, wodurch er diese Note erreichen möchte. Wichtig ist dabei, dass der Schüler nicht schreibt, dass er diese Note durch das Schreiben guter Zensuren in

---

49 Anm.: In Deutschland dürfen nur durch die Kultusministerkonferenz festgelegte Fächer im Zeugnis vorkommen, um die Chancengleichheit zu wahren. vgl. Herold, M./Landherr, B.: SOL, Seite 152

Klassenarbeiten erreichen will, sondern dass er sich bemüht, beispielsweise seine Gruppe voranzubringen, eigenständig zu arbeiten oder Ähnliches. Dem Schüler wird somit bewusst, worauf er achten muss und das Erlernen dieser Schlüsselqualifikationen wird vorangetrieben. Nachdem der Schüler dieses formuliert hat, unterschreibt er die Vereinbarung. Genau wie die Lehrperson, die somit bestätigt, dass sie dem Schüler bei der Erreichung dieser Zielnote unterstützen wird. Zu festgelegten Zeitpunkten wird die Vereinbarung herausgenommen und kontrolliert. Durch das Feedback des Lehrers kann der Schüler nun schauen, ob er sich noch auf dem richtigen Weg in Richtung der Zielnote bewegt oder ob er abgewichen ist. Bei Abweichung kann entweder die Note in die richtige Richtung korrigiert werden, oder die Punkte, die zum Erreichen dieser Note helfen sollen, können erneut formuliert werden. Dabei sollte der Lehrer in jedem Fall helfend zur Seite stehen. Welche Art der Lehr-Lernvereinbarungs-Korrektur der Schüler vornimmt, sollte er selber entscheiden. Wichtig ist jedoch, dass dem Schüler bewusst ist, wo er vom Weg abgewichen ist und wie er ihn wieder erreichen kann. Diese Fragen müssen in einem persönlichen Lehrer-Schüler-Gespräch geklärt werden.[50]

2.5.2 Das Beurteilungsblatt

Eine Möglichkeit, zum einen die Schlüsselqualifikationen und zum anderen die Selbstreflexion der Schüler in die Fachnote auf dem Zeugnis mit einfließen zu lassen, ist das Beurteilungsblatt. Es sollte möglichst mit den Schülern gemeinsam entwickelt werden, um Lern-

---

50 siehe hierzu Punkt 2.4.3 Die Feedbackkultur

leistungen zu beinhalten, die den Schülern bewusst sind und auch sinnvoll erscheinen. Dabei muss jedoch auch darauf geachtet werden, dass diese Lernleistungen während des Unterrichts geübt werden,[51] damit nicht am Ende ein *„Sammelsurium guter menschlicher Eigenschaften"*[52] benotet wird. Schlüsselqualifikationen, die einen sehr langen Lernprozess voraussetzen und von einigen Schülern nie gelernt werden, wie etwa Selbstbewusstsein oder Ähnliches, dürfen nicht als Benotungspunkt im Bewertungsblatt auftauchen.

Nachdem mit den Schülern die zu beurteilenden Lernleistungen des Beurteilungsblattes[53] festgelegt wurden, kann es eingeführt werden. Zunächst füllt der Schüler dieses Blatt für sich selber aus. Dabei kann er Rücksprache mit seiner Arbeitsgruppe halten und offen über seine Leistungen diskutieren, bevor er diese notiert. Wichtig ist hierbei, dass er seine Eigenbewertung begründet. Ohne Begründung ist diese Bewertung nicht gültig. Anschließend bewertet der Lehrer. Dieser sollte in erster Linie die Plausibilität der Bewertung und der Begründung des Schülers bewerten und nur zweitrangig seine eigenen Eindrücke mit einfließen lassen.

Bevor jedoch der Schüler in die Verantwortung gezogen wird, seine komplette Arbeit eines Halbjahres begründet zu beurteilen, sollte, wie bei der gesamten Einführung des Konzepts, klein angefangen werden. Es bietet sich an, erst einmal ein Plakat oder ein anderes Ergebnis einer Gruppenarbeit mithilfe von festgelegten

---

51 Anm.: Es wäre beispielsweise nicht gut, ein Referat zu bewerten, wenn das Vortragen von Referaten nicht im Unterricht trainiert wurde. vgl. Herold, M./Landherr, B.: SOL, Seite 150
52 vgl. Herold, M./Landherr, B.: SOL, Seite 154
53 siehe hierzu Anhang Seite III

Kriterien durch die Schüler bewerten zu lassen, um so ihre Selbsteinschätzung zu stärken.
Weitere Möglichkeiten die Selbsteinschätzung zu trainieren, bietet die Führung eines Portfolios. Auch hier müssen die Schüler ihre eigene Arbeit bewerten und evaluieren.

3. Planung und Durchführung einer SOL-Einheit

Zur Einführung des SOL-Konzepts wird immer wieder betont, dass es überall und zu jeder Zeit einsetzbar ist. Genauso wird betont, dass es nicht „einfach mal so" wie eine neue Methode in den Unterricht eingegliedert werden kann, sondern ein Umkrempeln des gesamten vorherigen Unterrichts mit sich zieht.[54] Damit dieses gelingen kann, gibt es einige Vorbereitungen und Überlegungen, die im Voraus getroffen werden müssen.

3.1 Theoretischer Ansatz

Das SOL-Konzept sollte möglichst nach einem erkennbaren Abschnitt eingeführt werden. Empfehlenswert wäre es, zu Beginn eines neuen Themas, nach einer Klassenarbeit, nach den Ferien oder zu Beginn eines neuen Schuljahres. Dieses sollte geschehen, damit die Schüler merken, dass nun etwas Neues folgt. Zudem sollten die Schüler explizit auf das Vorhaben der Lehrkraft hingewiesen werden. Es sollte ihnen mitgeteilt werden, dass die Umstellung des Unterrichts geschieht, um ihre Fähigkeit zum Lernen zu steigern und somit ihren Lernaufwand zu senken, sie auf die Anforderungen der Berufswelt vorzubereiten und ihnen Kompetenzen für das Leben in einer komplexen Gesellschaft zu lehren.[55]

Zudem sollte man sich ein bestimmtes Ziel vor der Einführung des Konzepts setzen. Ohne konkrete Zielvorstellung verliert man leicht den Überblick, ob das neue Konzept nun besser ist als das alte und ob die Erwar-

---

54 vgl. Herold, M./Landherr, B.: SOL, Seite 5
55 vgl. ebd., Seite 66ff.

tungen erfüllt wurden. Ohne konkrete Zielformulierung übersieht man auch leicht den Lernzuwachs, den die Schüler schon erbracht haben. Das SOL-Konzept empfiehlt an dieser Stelle noch zusätzlich, die Stunden einer Einheit um mindestens die doppelte Stundenanzahl bei der Durchführung mit SOL zu erhöhen, da gerade in der Anfangsphase mehr Zeit für die Erarbeitung eines Themas benötigt wird als im herkömmlichen Unterricht. Ansonsten wird immer wieder darauf hingewiesen, dass nicht zu erwarten ist, dass die Schüler sofort und ohne Murren in die Arbeitsformen des SOL einsteigen.[56]

3.2 Praktische Erfahrungen

Bereits vor den Sommerferien hatte ich die Idee, in der Klasse 7a der Hauptschule Süd in Delmenhorst das SOL-Konzept einzuführen und auf seine Umsetzbarkeit zu testen. Da empfohlen wird, das Konzept möglichst zu einem erkennbaren Abschnitt einzuführen,[57] erschien mir der Start des neuen Schuljahres als sinnvoll. Da ebenfalls häufig erwähnt wird, nicht von heute auf morgen das Konzept in eine Klasse zu tragen, überlegte ich mir lange, mit welcher Disziplin des Konzepts ich starten könnte. Da ich als Fachlehrer des Faches Werte und Normen nur zwei Stunden wöchentlich in der Klasse unterrichte, erschien es mir nicht sinnvoll mit der Umstellung des Benotungssystems zu beginnen, da hier mehrere Lehrer beteiligt sein sollten. Also entschied ich mich, mit der Einführung einer Lehr-Lernvereinbarung sowie dem Führen eines Lerntagebuches zu beginnen. Da das SOL-Konzept großen Wert auf eine vorherige

---

56 vgl. ebd.
57 vgl. Herold, M./Landherr, B.: SOL, Seite 66ff

Zielformulierung legt,[58] und ich selber auch der Meinung bin, mithilfe einer konkreten Formulierung zielorientierter arbeiten zu können, formulierte ich im Sommer für mich selbst das Ziel:

„Ich möchte gerne, dass meine Werte und Normen-Schüler in der Klasse 7a bis zu den Weihnachtsferien selbstständig ihr Lerntagebuch führen und eigenständig in der Lage sind, ihre Lern-Lehrvereinbarung zu erfüllen bzw. so zu formulieren, dass sie erfüllbar wird." Für den Anfang sollte dieses Ziel reichen, da das SOL-Konzept immer wieder auf die Geduld hinweist, die ein Lehrer, der seinen Unterricht umstellen möchte, mitbringen sollte.[59]

Neben der Einführung des Lerntagebuches sowie der Lehr-Lernvereinbarung, plante ich die erste Einheit des neuen Schuljahres („Wer bin ich?") mit unterschiedlichen Unterrichtsmethoden, wobei ich darauf achtete, nicht zu viel Unbekanntes auf einmal einzuführen. Vielmehr bediente ich mich den bereits bekannten Arbeitsformen (Einzelarbeit und Gruppenarbeit im Wechsel, um dem Sandwichprinzip aus kollektiven und individuellen Arbeitsphasen gerecht zu werden).[60] Ich achtete darauf, die Unterrichtsstunden nicht methodisch zu überfrachten, damit es nicht zu einer Überforderung kommen kann. Die Klasse genoss schließlich bis zu diesem Zeitpunkt einen herkömmlichen Unterricht. Weitere Änderungen plante ich für die erste Unterrichtseinheit, die bis

---

58 vgl. ebd., Seite 69
59 vgl. ebd.
60 siehe hierzu Punkt 2.2.1 Das Sandwichprinzip

zu den Herbstferien dauern sollte, nicht ein. Die letzte Stunde vor den Herbstferien reservierte ich für einen kleinen Test, infolge dessen die erste Abgleichung der Lehr-Lernvereinbarung nach den Ferien stattfinden sollte. Obgleich ich viel Zeit zum Trainieren und gemeinsamen Erarbeiten der Lerntagebücher sowie dem Ausfüllen der Lehr-Lernvereinbarung eingeplant hatte, musste ich bereits in der ersten Unterrichtsstunde nach den Sommerferien feststellen, dass viele Schüler große Schwierigkeiten mit dem Erstellen eines Lerntagebuches hatten. Da ich keine genauen Angaben gemacht hatte, wie z. B. das Deckblatt aussehen soll oder in welcher Reihenfolge die ausgeteilten ersten Arbeitsblätter (Deckblatt, Inhaltsverzeichnis, Lehr-Lernvereinbarung sowie Deckblatt des ersten Themas)[61] eingeheftet werden sollten, standen einige Schüler vor ihrem ersten Problem. Die Problemlösung forderten sie von mir ein und arbeiteten, nachdem ich ihnen diese Lösung verweigerte, nicht mehr weiter. Daraufhin erklärte ich der gesamten Klasse, dass es kein richtig oder falsch beim Einheften gäbe. Einige Mappen wurden daraufhin (bis heute) gar nicht eingeheftet. Ähnliche Probleme warfen die Lehr-Lernvereinbarungen auf. Viele Schüler verstanden den Sinn nicht, da sie der Meinung waren, dass sie ja eh nichts ändern könnten. Andere hingegen waren ganz angetan von der Idee, ihre eigene Leistung zu kontrollieren und auch ein Stück weit überwachen zu können.

Die wöchentlich geführten Feedbackbögen, die das Lerntagebuch ausmachen, spalteten die Meinungen der Schüler ebenfalls. Einige Schüler empfanden die

---

61 siehe hierzu Anhang Seite VI bzw. VIII

Möglichkeit, ihren Lernfortschritt reflektieren zu können, als etwas Bereicherndes. Andere hingegen nahmen diese Bögen nicht ernst und füllten sie dementsprechend ohne die gebührende Ehrlichkeit und Ernsthaftigkeit aus.[62] Mein Ziel, dass die Schüler selbstständig ihr Lerntagebuch führen und eigenständig in der Lage sind, ihre Lern-Lehrvereinbarung zu erfüllen bzw. so zu formulieren, dass sie erfüllbar wird, erreichte ich bis zu den Herbstferien nur bedingt. Da dieses Ziel jedoch bis zu den Weihnachtsferien erreicht werden sollte, blieb noch etwas Zeit. Die methodische Umstellung tröpfelte bis zu den Herbstferien vor sich hin, da viel Zeit für die Lerntagebücher verbraucht wurde und in der restlichen Zeit erst einmal das Arbeiten in Partnergruppen[63] trainiert wurde. Da einige Stunden nicht das erhoffte Ergebnis brachten und die Thematik somit auf die nächste Stunde ausgebreitet wurde, schrieb ich den kleinen Abschlusstest erst nach den Herbstferien und die Schüler evaluierten ihre Lehr-Lernvereinbarung ebenfalls erst Anfang November.

In der zweiten Einheit („Kinder haben Rechte!"), die ich nach dem SOL-Konzept plante, führte ich als weitere Disziplin den Advance Organizer ein. Des Weiteren sollten die Lerntagebücher weiter wöchentlich bearbeitet werden, die bestehende Lehr-Lernvereinbarung im Auge behalten werden sowie die Methodenkompetenz

---

62 siehe hierzu Anhang Seite X
63 Anm.: Nachdem ich bemerkte, dass kaum gute Ergebnisse in der Partnerarbeit entstanden, entschied ich diese Sozialform zu trainieren und nicht sofort in die Gruppenarbeit überzugehen. Zudem arbeitete ich viel mit kleinen Rollenspielen, um eine Basis die Sozialkompetenz betreffend zu schaffen, da ich diese Kompetenz als entscheidend für eine Gruppenarbeit halte.

ausgeweitet werden. Mein Ziel behielt ich jedoch bei, ohne eine weitere Formulierung hinzuzufügen. Meine Idee war es, den Advance Organizer nicht zu Beginn der Einheit einzuführen (entgegen der Empfehlungen des SOL-Konzepts),[64] da ich zuerst das Vorwissen der Schüler aktivieren wollte, um darauf aufbauen zu können. So fanden zwei Unterrichtsstunden ohne Advance Organizer statt. In diesen beiden Unterrichtsstunden wurde in Gruppen gearbeitet. Da diese Arbeit mit viel Streitigkeiten und Meinungsverschiedenheiten unter den Schülern verlief,[65] erfolgte die nächste Stunde zunächst wieder in Partnerarbeit (wiederholt ohne Advance Organizer, da während der Gruppenarbeit kein aussagekräftiges Ergebnis erzielt wurde)[66] um dann wieder eine Gruppenarbeit in selbst gewählten Gruppen durchzuführen. Der Advance Organizer,[67] der in dieser Stunde eingeführt wurde, gab einen Überblick über den Verlauf des Unterrichts bis zu den Weihnachtsferien. Er stellte sowohl die Themen als auch die Methoden dar, die erarbeitet werden sollten. In den folgenden drei Unterrichtstunden wurde in einem Wechsel aus individueller und kollektiver Arbeitsphase gearbeitet. Konkret bedeutete dieses, dass die Schüler zunächst einen relativ langen Text (zwei DinA 4-Seiten) in Einzel-

---

64 vgl. Herold, M./Landherr, B.: SOL, Seite 80
65 Anm.: Die Schüler evaluierten die Stunden der Gruppenarbeit mündlich. Die meisten Schüler vertraten hierbei die Meinung, dass ihnen Gruppenarbeit zwar Spaß macht, sie die Gruppen jedoch lieber selber wählen (ich hatte die Gruppen vorgegeben, um heterogene Gruppen zu bekommen) oder nur mit einem Partner arbeiten möchten. Einigen Schülern war die Gruppenarbeit auch viel zu laut und sie würden lieber alleine arbeiten.
66 siehe hierzu Punkt 4. SOL- Unterrichtsbeispiel
67 siehe hierzu Anhang Seite II

arbeit lesen und erarbeiten mussten und diesen anschließend in einer Gruppenarbeit visualisieren sollten.[68] Um wieder einen Schritt in Richtung des Selbstorganisierten Lernens zu gehen, überließ ich den Schülern die Entscheidung, in welcher Form diese Visualisierung stattfinden sollte. Da ich jedoch schnell merkte, dass die meisten Schülergruppen (bis auf eine Mädchengruppe) keine Ideen hatten, wie so eine Visualisierung aussehen könnte, nannte ich schließlich doch Möglichkeiten wie etwa ein Rollenspiel, das Erstellen eines Plakates oder einer Wandzeitung, ein Tagebucheintrag oder Ähnliches. An diesem Punkt fiel mir auf, dass die Schüler große Schwierigkeiten hatten, ohne direkte Anweisung zu arbeiten, da sie ständig das Gefühl hatten, etwas "falsch" zu machen, wenn sie sich eventuell für eine „falsche" Methode der Präsentation entschieden. Mir ist es leider nicht gelungen, die Frage „Ist das so richtig?" aus dem Schülermund zu vertreiben. Die letzte Unterrichtsstunde, für die ein Abschlussspiel zum Thema „Kinderrechte" geplant war, fiel leider aus, da vor Weihnachten viele Veranstaltungen wie etwa ein Weihnachtsbasar und dessen Vorbereitungen zu häufigem Ausfall führten. Da für dieses Spiel jedoch geplant war, die Schüler eigene Regeln und Aufgaben entwerfen zu lassen und ich der Meinung bin, auf diese Weise eventuell gegen die „Falsch-Richtig-Kultur" der Schüler anwirken zu können, da hier eigene Regeln und Aufgaben vorherrschen, werde ich nach den Ferien auf

---

68 Anm.: Erarbeiten heißt hier, dass die Schüler schwierige Wörter mithilfe eines Lexikons herausfinden mussten und Wichtiges aus dem Text in Stichpunkten heraus schreiben mussten. Im Anschluss an diese Erarbeitungsphase konnten die Schüler den Text mündlich ohne Schwierigkeiten wiedergeben.

jeden Fall mit einer kurzen Wiederholung einsteigen und dann das Spiel noch durchführen.

4. SOL-Unterrichtsbeispiel

Im Folgenden wird eine Unterrichtsstunde, organisiert nach dem Konzept des SOL, ausführlich beschrieben. Da die Schüler noch am Anfang ihrer SOL Erfahrungen stehen, empfand ich es als sinnvoll, eine Doppelstunde vorzustellen, um so auch das gesteckte Ziel zu erreichen und die Möglichkeit auf eine Feedback-Runde mit den Schülern zu haben. Ich habe die Erfahrung gemacht, dass 45 Minuten nicht ausreichen, um eine komplette Unterrichtstunde, organisiert nach dem SOL, durchzuführen, wenn Schüler nicht methodensicher sind. Häufig fehlen die Ergebnissicherung und ein kurzes Feedback, dass ich als sehr wichtig empfinde, um sinnvoll in die nächste Stunde einzusteigen.

Die vorgestellte Doppelstunde enthält für die Schüler neue und bekannte Elemente des SOL. Beide stellen sie jedoch vor eine Herausforderung, da sie es zum einen nicht gewohnt sind, 90 Minuten am Stück zu arbeiten und zum anderen gleich mehrere kooperative Elemente in einem Unterrichtsabschnitt zu bewältigen sind. Ich hoffte jedoch, sowohl positives als auch negatives Feedback (zur Weiterarbeit) in dieser Stunde zu hören.

4.1 Stellung der 90-minütigen SOL-Einheit in der Unterrichtseinheit

1. Std.	Thema: Meine Wünsche, Träume, Ängste Arbeitsform: Einzelarbeit (individuelle Arbeitsphase) mit anschließender Plenumsarbeit (kollektive Arbeitsphase) Aufgabe: Die SuS[69] notieren ihre Wünsche (grün), ihre Träume (blau) und ihre Ängste (rot) auf Karten. Anschließend werden diese Karten gemeinsam an der Tafel sortiert und diskutiert. LAn[70] fügt Karten eines fiktiven Kindes aus Afrika hinzu, die zu neuen Diskussionen führen. Fachliches Ziel: Klärung der Frage, ob alle Kinder die gleichen Wünsche, Ängste und Träume haben. Methodisches Ziel: Führung eines Klassengespräches mit Beachtung von aufgestellten Regeln.
2. Std. und 3. Std.	Thema: Wir sind Kinder Arbeitsform: Einzelarbeit (individuelle Arbeitsphase), Gruppenarbeit (kollektive Arbeitsphase) mit anschließender Plenumsarbeit (kollektive Arbeitsphase). Aufgabe: Die SuS lesen den Tagesablauf eines fiktiven Kindes, anschließend erstellen sie in ihrer Gruppe einen Steckbrief, der im Stuhlkreis den anderen Gruppen vorgestellt wird. Anschließend werden die verschiedenen Steckbriefe verglichen. Unterschiede und Gemeinsamkeiten werden herausgestellt. Fachliches Ziel: Die SuS erkennen, dass jedes Kind individuell ist und somit andere Bedürfnisse hat. Zudem erkennen sie aber

---

69 Anm.: SuS steht im Folgenden für Schülerinnen und Schüler.
70 Anm.: LAn steht im Folgenden für Lehramtsanwärterin.

	auch, dass alle Kinder die gleichen Rechte haben, egal aus welchem Land, welcher Religion oder sozialen Schicht sie stammen. Methodisches Ziel: Die SuS üben das Arbeiten in einer Gruppe.
4. Std.	Thema: Welche Rechte gibt es? Arbeitsform: Plenum (kollektive Arbeitsphase), Einzelarbeit (individuelle Arbeitsphase), Partnerarbeit (kollektive Arbeitsphase), Plenum (kollektive Arbeitsphase). Aufgabe: Die SuS bekommen einen Artikel aus der Kinderrechtskonvention, den sie lesen sollen. Anschließend bekommen sie die Aufgabe, in Partnerarbeit die Geschichte eines Kindes zu schreiben, in der ein Rechtsverstoß vorkommt. Am Ende der Stunde werden alle Geschichten vorgelesen, und die SuS müssen jeder Geschichte das entsprechende Recht, dessen Verstoß sie in der Geschichte erkannt haben, nennen. Fachliches Ziel: Die SuS machen sich mit verschiedenen Kinderrechten vertraut. Methodisches Ziel: Die SuS erzielen gute Ergebnisse, indem sie mit einem Partner zusammenarbeiten.
5. Std. und 6. Std.	Thema: Die 4 Kategorien der Kinderrechte Arbeitsform: Plenum (kollektive Arbeitsphase), Einzelarbeit (individuelle Arbeitsphase), Gruppenarbeit (kollektive Arbeitsphase), Einzelarbeit (individuelle Arbeitsphase), Gruppenarbeit (kollektive Arbeitsphase), Einzelarbeit (individuelle Arbeitsphase), Gruppenarbeit (kollektive Arbeitsphase), Einzelarbeit (individuelle Arbeitsphase). Aufgabe: LAn stellt den Advance Organizer vor. SuS hören eine Geschichte, zu der sie sich

	Notizen machen sollen. Diese Notizen werden anschließend in einem Dreiergespräch ausgetauscht. Die SuS bekommen kleine Infotexte, die sie lesen. In der Expertengruppe wird nun über den Text diskutiert und schwere Wörter werden geklärt. Die SuS notieren sich die wichtigsten Punkte ("Erklärhilfe"). Die SuS berichten nun ihren Stammgruppenmitgliedern ihr Expertenthema. Zum Schluss bekommen die SuS Kärtchen, die sie einer Rechtekategorie zuordnen sollen. Fachliches Ziel: Die SuS wissen, dass es 54 Kinderrechte gibt und dass diese in 4 Kategorien geteilt werden können. Methodisches Ziel: Die SuS trainieren das Sandwichprinzip, indem sie ständig zwischen individueller und kollektiver Arbeitsform wechseln.
7. Std. und 8. Std. und 9. Std.	Thema: Einzelschicksale: Sarala aus Indien, Andres aus Kolumbien, Daniel aus San Salvador Arbeitsform: Einzelarbeit (individuelle Arbeitsphase), Gruppenarbeit (kollektive Arbeitsphase) mit anschließender Plenumsarbeit (kollektive Arbeitsphase). Aufgabe: Die SuS lesen verschiedene Geschichten von Kindern aus anderen Ländern. In der Gruppe sollen sie diese Geschichten visualisieren. Wahlweise mit einem Rollenspiel, einer Wandzeitung etc. Im Plenum werden diese Ergebnisse präsentiert und zur Bewertung gestellt. Fachliches Ziel: Die SuS lernen Lebensumstände von Kindern aus anderen Ländern kennen und erfahren, wie wichtig Kinderrechte für diese Kinder sind. Methodisches Ziel: Die SuS üben das Arbeiten in einer Gruppe sowie das selbstständige

	Entscheiden zu einer Präsentationsmöglichkeit.
10. Std.	<u>Thema:</u> Jedes Kind hat Rechte: Abschlussspiel <u>Arbeitsform:</u> Lehrerinput (kollektive Arbeitsphase), Einzelarbeit (individuelle Arbeitsphase), Gruppenarbeit (kollektive Arbeitsphase), Einzelarbeit (individuelle Arbeitsphase), Gruppenarbeit (kollektive Arbeitsphase). <u>Aufgabe:</u> Die LAn gibt einen Spielplan und verschiedene Spielbegleiter aus unterschiedlichen Ländern vor. Die SuS lesen kurze Texte zu den Spielbegleitern, damit sie diese besser kennenlernen. Anschließend sollen in der Gruppe Regeln und Ereigniskarten erstellt werden. Jeder SuS erstellt sein eigenes kleines Regelheft und schreibt Ereigniskarten. Zum Schluss wird das Kinderrechte-Spiel gespielt. <u>Fachliches Ziel:</u> Die SuS vertiefen ihr Wissen über Kinderrechte. <u>Methodisches Ziel:</u> Die SuS trainieren sowohl das Arbeiten in der Gruppe als auch ihre Kompromissbereitschaft.

4.2 Kompetenzen der 90-minütigen SOL-Einheit

4.2.1 Inhaltsbezogene Kompetenzen

"Die Schülerinnen und Schüler...

... erläutern kodifizierte Menschen-[Kinder-]rechte an einem Beispiel."[71]

4.2.2 Prozessbezogene Kompetenzen

Wahrnehmen und Beschreiben

"Die Schülerinnen und Schüler ...

... stellen ihr Vorwissen, ihr Vorverständnis, ihre aktuellen Eindrücke sowie Gefühle zu moralisch relevanten Begebenheiten dar."[72]

Verstehen und Reflektieren

... untersuchen [...] Informationsquellen [...]."[73]

---

[71] vgl. Niedersächsisches Kultusministerium: Kerncurriculum für die Hauptschule Schuljahrgänge 5 – 10. Werte und Normen Niedersachsen, 2009, Seite 26
[72] vgl. ebd., Seite 13
[73] vgl. ebd., Seite 13

4.3 Lernziele der 90-minütigen SOL-Einheit

4.3.1 Groblernziel

Die Schülerinnen und Schüler wissen, dass es 54 Kinderrechte gibt und dass diese in vier Kategorien geteilt werden. Zudem können sie genannte Kinderrechte den jeweiligen Kategorien zuordnen.

4.3.2 Feinlernziele

Die Schülerinnen und Schüler ...

	a) sachlich/fachlich:
FLZ 1	... aktivieren ihr Vorwissen aus den letzten Stunden, indem sie in der Geschichte Rechtsverstöße aufdecken.
FLZ 2	... kennen die Begriffe "Versorgungsrechte", "Schutzrechte", "Entwicklungsrechte" sowie "Mitbestimmungsrechte" und können diesen einzelne Kinderrechten zuordnen.
	b) methodisch:
FLZ 3	... fördern ihre Aufmerksamkeit, indem sie der Geschichte folgen.
FLZ 4	... trainieren ihre Fähigkeit, Gehörtes wiederzugeben, indem sie der Geschichte folgen und Wichtiges notieren, um dieses in einem Dreiergespräch wiederzugeben.
FLZ 5	... festigen die Fähigkeit, in Gruppen zu arbeiten, indem sie die Kinderrechtskategorien arbeitsteilig in einem Gruppenpuzzle erarbeiten.

4.4 Lerngruppenanalyse

Seit Beginn des Schuljahres 2010 erteile ich eigenverantwortlichen Unterricht im Fach Werte und Normen in der Klasse 7a. Der Unterricht umfasst zwei Wochenstunden. Die Klasse setzt sich aus 10 Mädchen und 11 Jungen zusammen. Die Schüler sind im Alter von 12 bis 15 Jahren. Zwei der Schüler (Louis[74] und Gerald) wiederholen die 7. Klasse. Memmet ist erst seit Anfang November in der Klasse, da er strafversetzt wurde. Peter ist zu Beginn des Jahres von der IGS gekommen und Daniel zu Beginn des Schuljahres von der Realschule.

Sechs der 21 Schüler haben einen Migrationshintergrund, wurden jedoch bereits in Deutschland geboren. Lediglich Louis, der aus Banju/Gambia stammt, und Memmet, der in Ägypten geboren wurde und in Tunesien aufwuchs, leben erst seit ein paar Jahren in Deutschland.

4.4.1 Arbeits- und Sozialverhalten

Die Lernatmosphäre der Klasse ist an den meisten Tagen sehr angespannt. Wenige Schüler (Julian, Maria, Jasmin, Maja, Julia, Juliana, Jacqueline und Louis) nehmen wirklich aktiv und motiviert am Unterricht teil. Der größte Teil der Klasse ist häufig sehr abgelenkt und mit anderen Sachen, wie Bilder malen, Mitschüler ärgern, etc. beschäftigt. Peter und Daniel verweigern die Mitarbeit. Selbst bei direkter Aufforderung und mehrmaligem Erklären der Aufgabenstellung beginnen sie nicht zu arbeiten. Auch bei Gruppenarbeiten weigern sie sich häufig, sich einer Gruppe zuzuordnen. Oscar und Kilian sind hingegen meistens abgelenkt und be-

---

74 Anm.: Die Schülernamen wurden geändert.

kommen eine Aufgabenstellung häufig gar nicht mit. In Gruppenarbeiten werden sie jedoch von der Gruppe mitgezogen und besonders Oscar neigt nach Gruppenarbeiten zu reger mündlicher Beteiligung. Aylin und Mika folgen dem Unterricht immer aufmerksam. Sie können schriftliche Aufgaben schnell erledigen, arbeiten mündlich jedoch gar nicht mit. Selbst bei einer direkten Aufforderung verweigern sie die Mitarbeit. Samir und Can neigen seit Beginn des Schuljahres dazu, die gesamte Klasse zu unterhalten. Sie tun dieses nicht nur über Kommentare, sondern auch über Gestiken, sodass die Klasse häufig vom Thema abgebracht wird, da Can oder Samir gemaßregelt werden muss.

An einigen Tagen ist kein Unterricht in der Klasse möglich, da die ganze Klasse sehr unruhig ist. An diesen Tagen verzichte ich auf fachlichen Unterricht und trainiere mithilfe von kleinen Spielen den sozialen Umgang und Klassenzusammenhalt.

Die meisten Schüler arbeiten nach eigenen Aussagen am liebsten in Einzel- oder Partnerarbeit, da sie so ihr eigenes Lerntempo bestimmen können und nicht auf andere Schüler Rücksicht nehmen müssen. Besonders die aktiven und motivierten Schüler arbeiten nicht gerne in (nicht selbst gewählten) Gruppen, da sie hier häufig von unmotivierten Schülern gestört werden.

4.4.2 Lernvoraussetzungen

Die 90-minütige SOL-Einheit ist eingebettet in eine zehnstündige Unterrichtseinheit. Da sie nicht ganz am Anfang der Einheit steht, wissen die Schüler bereits, dass es verschiedene Kinderrechte gibt und dass diese in der Kinderrechtskonvention festgeschrieben sind. Zudem ist ihnen bekannt, dass diese Rechte für alle Kinder auf der Welt gelten, dass sich jedoch nicht jedes Land für die Durchsetzung der Kinderrechte einsetzt. Methodisch sind die Schüler bereits seit den Sommerferien mit einzelnen kooperativen Elementen wie arbeitsteiligem Lesen von Texten und dem Arbeiten in der Gruppe auf das Durchführen einer Unterrichtsstunde nach dem Sandwichprinzip (Wechsel von kollektiven und individuellen Arbeitsphasen) vorbereitet. Sie haben zwar noch nie (zu mindestens nicht in meinem Unterricht) mit so einem häufigen Wechsel der Arbeitsphasen gearbeitet, jedoch oft mit einzelnen Elementen. Ihre soziale und methodische Fähigkeit wird bei dieser Art des Arbeitens (wahrscheinlich) an Grenzen stoßen.

4.5 Sachanalyse

4.5.1 In Bezug auf den Inhalt

Da *„das Kind wegen seiner mangelnden körperlichen und geistigen Reife besonderen Schutz und besonderer Fürsorge [...], bedarf"*,[75] wurden im November 1989 Rechte zur Wahrung eben dieses besonderen Schutzes und dieser besonderen Fürsorge in der Vollversammlung der Vereinigten Nationen (UN) festgelegt. Die dort festgelegten Kinderrechte wurden von der UN zu rechtsverbindlichen Völkerrechten erklärt, die die UN-Staaten verpflichteten, sich aktiv für das Wohl des Kindes einzusetzen.[76] Neben der Präambel sind die Rechte der Kinder in 54 Artikeln zusammengefasst, die sich vier grundlegenden Rechtskategorien zuordnen lassen.[77]

---

75 Anm.: Aus der Präambel der UN-Kinderrechtskonvention. Übereinkommen über die Rechte des Kindes, Seite 11
76 vgl. Brot für die Welt. Kinder haben Rechte, Seite 5
77 vgl. ebd.

1. Die Versorgungsrechte sichern die Befriedigung der existenziellen Grundbedürfnisse eines Kindes, wie etwa eine Wohnung, Nahrung und der Zugang zu medizinischer Versorgung.
2. Die Entwicklungsrechte sichern eine optimale Entwicklung eines Kindes, indem sie das Recht auf Bildung, auf Spiel und Freizeit, aber auch auf freies Denken und freie Religionswahl gewährleisten.
3. Die Schutzrechte geben Kindern Schutz vor Missbrauch, Vernachlässigung oder
Ausbeutung, außerdem sollen sie insbesondere Flüchtlingskinder vor Folter, Beteiligung an bewaffneten Konflikten, Kinderarbeit oder Ähnlichem bewahren.
4. Die Mitbestimmungsrechte schaffen Kindern die Möglichkeit, eine aktive Rolle in der Gesellschaft zu übernehmen und dort frei die eigene Meinung zu äußern. Außerdem verschaffen diese Rechte den Kindern die Möglichkeit, ihrem Alter entsprechend an Entscheidungen beteiligt zu werden.

Außer den USA und Somalia haben alle Länder der Erde die Kinderrechtskonvention unterschrieben.[78]

4.5.2 In Bezug auf die Hauptmethode (Das Gruppenpuzzle)

Die 54 Rechte der Kinderrechtskonventionen teilen sich in vier Kategorien. Die Versorgungsrechte, die Entwicklungsrechte, die Schutzrechte und die Mitbestimmungsrechte. Da diese vier Kategorien die gleiche Wertigkeit haben, bietet es sich an, die Kategorien ar-

---

78 vgl. ebd.

beitsteilig in Form eines Gruppenpuzzles zu erarbeiten.[79] Zunächst werden vier Texte mit Informationen zu jeweils einer Kategorie der Kinderrechte in eine Vierergruppe gegeben („Stammgruppenarbeit"). Anschließend treffen sich neue Gruppen, die aus Mitgliedern bestehen, die alle den gleichen Text gelesen haben („Expertengruppenarbeit"). So entstehen zunächst vier Gruppen, die durch intensive Beschäftigung mit einer Kategorie zu Experten dieses Themas werden. Im weiteren Verlauf gehen die Schüler wieder in ihre Stammgruppen und berichten dort reihum von ihrem Expertenthema. So ist am Ende jeder Schüler über alle vier Kategorien informiert.[80]

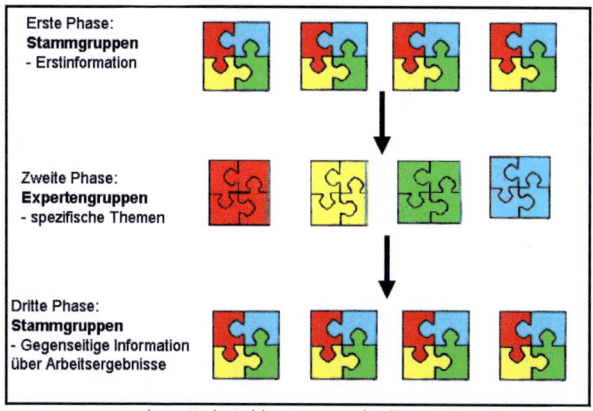

entnommen von: http://arbeitsblaetter.stangl-taller.at/LEHREN/gruppenpuzzle.gif

---

79 vgl. Brüning, L., Saum, T.: Erfolgreich unterrichten durch kooperatives Lernen, Seite 111
80 siehe hierzu Punkt 2.2.3 Das Gruppenpuzzle

Das Gruppenpuzzle[81] ist gut geeignet, auch mehrstündige Unterrichtseinheiten zu strukturieren und ist nicht grundsätzlich auf eine Unterrichtsstunde begrenzt.[82] So bietet es sich an, auch Doppelstunden oder noch größere Einheiten mit ihm zu gestalten.

4.6 Didaktische Analyse

4.6.1 Allgemeine Begründung des Themas und Angabe im Kerncurriculum

Die 90-minütige Einheit lässt sich dem Kompetenzbereich „Fragen nach der Wirklichkeit" aus dem niedersächsischen Kerncurriculum für die Hauptschule zuordnen. Hier heißt es, die Schüler *„erarbeiten den Inhalt, den Anspruch und die Tragweite von Menschenrechten*[83] *und setzen sich mit Menschenrechtsverletzungen auseinander."*[84] In Anlehnung an diesen Kompetenzbereich begründet sich die Beschäftigung mit dem Thema „Kinderrechte".

---

81 Anm.: Das Gruppenpuzzle wird häufig auch als "Jigsaw" Methode bezeichnet. vgl. Aronson, E.: Cooperation in the Classroom. The Jigsaw-Method
82 vgl. Brüning, L., Saum, T.: Erfolgreich unterrichten durch kooperatives Lernen, Seite 115
83 Anm.: „Kinderrechte sind als integraler Teil der Menschenrechte zu verstehen. Sie wurden in einer spezifischen Konvention verankert, da Kinder als besonders verletzlich und machtlos gelten und deshalb zusätzliche und kindspezifische Rechte benötigen." vgl. Liebel. Wozu Kinderrechte, Seite 9.
84 vgl. Niedersächsisches Kultusministerium: Kerncurriculum für die Hauptschule Schuljahrgänge 5 – 10. Werte und Normen, Niedersachsen, 2009. Seite 16

4.6.2 In Bezug auf das Fach

Das Fach Werte und Normen spricht besonders den Grund- und Menschenrechten einen besonderen Stellenwert zu.[85] Im Kerncurriculum wird das Fach Werte und Normen als ein Schulfach beschrieben, das davon ausgeht,

> *"dass der Mensch eine spezifische Würde besitzt, d. h. einen unverfügbaren, nicht im Namen anderer Prinzipien zu relativierenden Eigenwert. Der Mensch hat demnach das Recht, seine Persönlichkeit frei und eigenverantwortlich zu entfalten [...]."*[86]

Voraussetzung hierfür ist jedoch, dass die Schüler dieses Recht kennen. Die Auseinandersetzung mit dem Thema „Kinderrechte" zielt darauf ab, bei den Schülern ein Bewusstsein für die eigenen Rechte sowie für die Rechte anderer zu schaffen, um so den Weg zu eben dieser freien Persönlichkeitsentfaltung zu ebnen.

4.6.3 In Bezug auf die Schüler

Die Schüler sind grundsätzlich Teil eines sozialen Verbandes. Sei es nun in ihrer eigenen Familie, in ihrem Lebensumfeld innerhalb der Stadt oder in der Schule. In diesen Verbänden müssen ihre Rechte verwirklicht werden. Da viele Schüler ihre eigenen Rechte gar nicht kennen, ist es wichtig, dass sie darüber aufgeklärt werden und ihnen bewusst gemacht wird, was ihnen zusteht und worauf sie ein Recht haben. Neben den Rechten, die ihr eigenes Lebensumfeld in der Schule,

---

85 vgl. ebd., Seite 7
86 vgl. Ebd.

Familie und Umwelt betreffen, sollten die Schüler auch für die Situationen von Kindern in anderen Ländern sensibilisiert werden. Da einige der Schüler aus Ländern stammen, in denen andere Lebensumstände als in Deutschland herrschen,[87] ist es wichtig darauf hinzuweisen, dass die Kinderrechte für Kinder auf der ganzen Welt Gültigkeit haben und dass zwischen den idealen Forderungen und den realen Situationen der Kinder in vielen Ländern enorme Diskrepanzen bestehen. Zudem trägt die Beschäftigung mit den Kinderrechten dazu bei, dass die Schüler die Arbeit verschiedener ihnen eventuell bekannter Hilfsorganisationen wie UNICEF oder „Brot für die Welt" verstehen und deren Anliegen nachvollziehen können. Für die Zukunft der Schüler bedeutet eine gewisse Kenntnis über das Thema ein mündiges Leben, da das Kennen der eigenen Rechte grundsätzlich ein Stückchen mehr Freiheit bedeutet.

4.6.4 Didaktische Reduktion

Die UN-Kinderrechtskonvention umfasst neben der Präambel 54 Artikel. Im Rahmen der Didaktischen Reduktion möchte ich mich jedoch lediglich auf eine Auswahl der Artikel beschränken. Zum einen aus zeitlichen Gründen, zum anderen, weil ich der Meinung bin, dass diese Artikel die wichtigsten Punkte behandeln und aufgrund einiger Wiederholungen bei Behandlung der gesamten 54 Artikel bei den Schülern Konzentrationsschwierigkeiten auftreten könnten. Die Geschichte „12 Dollar"[88] spricht diese Rechte an und weist auf eine Rechtsverletzung hin. Sie bietet somit einen guten Ein-

---

87 siehe hierzu Punkt 4.4 Lerngruppenanalyse
88 siehe hierzu Anhang Seite XII

stieg in das Thema. Da die Geschichte um die Entstehung der Kinderrechte für die Schüler unerheblich ist und es vielmehr um die Einhaltung der Rechte bzw. um das Erkennen der Rechtsverletzungen geht, vernachlässige ich in dieser Stunde die Entstehungsgeschichte und beschränke mich lediglich auf die Nennung der Artikel und das Unterteilen in die vier Kategorien, in die die Kinderrechte in der Konvention geteilt sind. Ich werde die einzelnen Artikel jedoch nicht wortwörtlich aus der Kinderrechtskonvention übernehmen, sondern in vereinfachter Form wiedergeben. Diese Vorgehensweise ist meiner Meinung nach effektiver, da die Schüler so die einzelnen Artikel ohne Worterklärungen verstehen können.

4.7 Methodische Analyse

Die 90-minütige Unterrichtseinheit ist in vier Phasen gegliedert, die aus einem Wechsel von kollektiven und individuellen Arbeitsphasen bestehen: Einstieg (kollektive Arbeitsphase), Hinführung (kollektive und individuelle Arbeitsphase), Erarbeitungsphase (kollektive und individuelle Arbeitsphase), Festigung (individuelle Arbeitsphase). Bevor jedoch der Unterricht mit dem eigentlichen Einstieg in das Thema beginnt, erfolgen die Begrüßung und ein informativer Überblick mithilfe des Advance Organizers.[89] Da die Schüler den Advance Organizer nicht kennen, ist es wichtig, seine Handhabung und seinen Zweck zu erläutern. Der eigentliche Einstieg erfolgt mit der Geschichte "12 Dollar". Die Geschichte berichtet von einem kleinen Mädchen, das in einem fremden Land lebt. Diesem Mädchen wider-

---

89 siehe hierzu Anhang Seite II

fahren viele schreckliche Dinge, die alle gegen die Kinderrechte verstoßen. Die Schüler sollen erst einmal nur zuhören. Im Anschluss können sie Gefühle, Ideen und Ähnliches äußern. Da die Geschichte sehr emotional ist und erfahrungsgemäß bei den Schülern viele Gefühle freisetzt, die geäußert werden möchten, sollte hierfür auch genügend Zeit gegeben sein. Nachdem die Schüler ihre Äußerungen tätigen konnten, bekommen sie die Aufgabe, alles, was ihnen im Gedächtnis geblieben ist, in Einzelarbeit zu notieren (Hinführung). Wichtig ist dabei, keinen Schwerpunkt zu setzen, also nicht konkret die Aufforderung zu geben, die Kinderrechte zu notieren. Dieses wäre durchaus auch möglich gewesen, würde jedoch gegen den Anspruch des Selbstorganisierten Lernens verstoßen. Anschließend sollen die Schüler in Dreiergruppen mithilfe ihrer Notizen reihum berichten. Wer beginnt und ob die anderen den Bericht kommentieren dürfen, entscheiden die Gruppen selber. Nachdem der Einstieg in das Thema über das Dreiergespräch erfolgt ist, beginnt die Erarbeitung. Die Schüler werden aufgefordert, in eigener Regie vier Vierergruppen sowie eine Fünfergruppe zu bilden. Sowohl die Gruppeneinteilung als auch die Ausrichtung der Tischgruppen bleibt ihnen überlassen. Alternativ hätte die Gruppeneinteilung entweder gewürfelt werden können oder nach Kriterien (homogene oder heterogene Gruppen) eingeteilt werden können. Im Sinne des Selbstorganisierten Lernens bleibt die Einteilung jedoch den Schülern überlassen. Im ersten Schritt sollen die Schüler nun einen Informationstext[90] der vier verschiedenen Texte (farblich unterschiedlich) lesen. Anschließend

---

90 siehe hierzu Anhang Seite XIII

sollen sie, den Farben ihres Textes entsprechend, neue Gruppen bilden. In diesen Gruppen werden die Texte genauer erarbeitet und unbekannte Wörter geklärt. Nach diesem Arbeitsschritt bekommen die Schüler den Auftrag, in Einzelarbeit eine Erklärhilfe zu erstellen. Diese kann entweder aus Stichpunkten, einem Mind Map oder Ähnlichem bestehen. Alternativ hätten die Schüler die Erklärhilfe auch in ihrer Gruppe erstellen können. Jedoch wäre so zum einen keine Abwechslung zwischen individueller und kollektiver Arbeitsphase entstanden und zum anderen hätte die Gefahr bestanden, dass pro Gruppe nur eine Erklärhilfe angefertigt würde und nicht für jedes Gruppenmitglied eine eigene. Nach Beendigung der zweiten Gruppenarbeitsphase setzen sich die Schüler erneut in ihrer Ausgangsgruppe zusammen und erklären ihren Gruppenmitgliedern den erarbeiteten Text. Regeln, die während der Erklärungen eingehalten werden sollen (z. B. Fragen nicht zwischendurch, sondern im Anschluss stellen o. Ä.), werden von den einzelnen Gruppen selber festgelegt. Es wäre auch möglich gewesen, Regeln für die Gruppenarbeit vorzugeben oder einheitlich für alle Gruppen festzulegen. In diesem Fall wäre jedoch wieder ein Einschnitt ins Selbstorganisierte Lernen geschehen. Nachdem alle Schüler der Klasse über den Inhalt der vier Texte informiert wurden, erfolgt die Festigung mithilfe einer Sortieraufgabe. Die Schüler bekommen ein Arbeitsblatt mit 13 verschiedenen Kinderrechten,[91] die den vier Rechtskategorien zugeordnet werden sollen. Diese Aufgabe erfolgt erneut in Einzelarbeit. Alternativ hätte das Sortieren auch im Plenum geschehen können. In diesem

---

91 Anm.: Alle 13 Kinderrechte tauchen in der Geschichte "12 Dollar" auf. siehe Anhang Seite XII

Fall wäre jedoch nicht die Sicherheit gewahrt, dass jeder Schüler diese Aufgabe bewältigen kann, da bei einer Arbeit im Plenum häufig nur die starken Schüler mitarbeiten und die schwächeren Schüler sich eher zurückhalten. Zudem wird durch die Festigung in Einzelarbeit das Sandwichprinzip aus individuellen und kollektiven Arbeitsphasen wiederholt unterstützt.

5. Erfahrungsberichte

Da jede SOL-Einheit mit einem Feedback der Schüler an den Lehrer und einem Feedback des Lehrers an die Schüler enden sollte,[92] erfolgte auch bei meiner SOL-Einheit nach Vollendung eine Feedbackrunde. Zum einen wurde eine mündliche Feedbackrunde abgehalten, zum anderen schrieben die Schüler ihre Feedbacks auf.

5.1 Die mündliche Feedbackrunde

Für eine mündliche Feedbackrunde in einer unerfahrenen Schülergruppe empfiehlt das SOL-Konzept eine einfache Vorgehensweise. Die meisten Schüler mussten noch nie über den Unterricht nachdenken und haben deshalb sehr große Schwierigkeiten dieses zu tun.[93] Besonders gut eignet sich daher ein einfaches Stimmungsbarometer, zu dem verschiedene Fragen gestellt werden können.

Das Barometer meiner Einheit sah wie folgt aus:

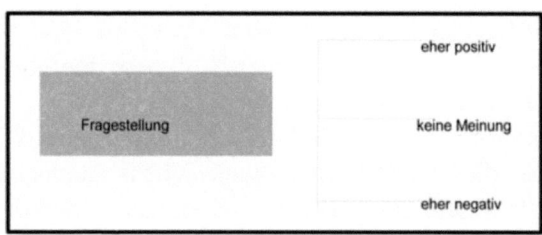

in Anlehnung an: Herold, M./Landherr, B.

---

92 vgl. Herold, M./Landherr, B.: SOL, Seite 75
93 vgl. Herold, M./Landherr, B.: SOL, Seite 75

In das graue Feld legte ich nacheinander Karten mit folgenden Fragestellungen:
1. „Wie haben dir die letzten beiden Stunden gefallen?"
2. „War es schwer, in eurer Gruppe die einzelnen Rechtskategorien zu erklären?"
3. „Hast du die Erklärungen deiner Gruppenmitglieder verstanden?"
4. „Empfandest du die Arbeit in der Gruppe als angenehm?"
5. „Fiel es dir schwer, ruhig der Geschichte zuzuhören?"
6. „Konntest du die Sortieraufgabe am Ende gut lösen?"
7. „Wünschst du dir für die nächsten Stunden ähnliche Arbeitsweisen?"

Die Schüler bekamen Smileys, die sie je nach eigener Einschätzung platzieren sollten. Die jeweilige Fragestellung wurde vorab besprochen. Das Feedback fand zum Ende der Stunde an einem Freitag statt. Daher waren die Schüler zu diesem Zeitpunkt sehr unmotiviert und schon auf das Wochenende eingestellt; sie standen häufig nicht selber von ihrem Platz auf, sondern forderten Mitschüler auf, ihren Smiley mitzuplatzieren. Andere Schüler bewegten ihren Smiley gar nicht und bewerteten so jede Frage gleich. Zudem fehlten vier Schüler und ein Schüler enthielt sich, da er während der Durchführung der SOL-Einheit krank war. Daher ist das Ergebnis dieses Feedbacks leider nicht besonders aussagekräftig und an einigen Stellen aufgrund der Unlust vieler Schüler verfälscht. Trotzdem führte es zu folgendem Ergebnis:[94]

---

94 siehe hierzu Anhang Seite XV

1. „Wie haben dir die letzten beiden Stunden gefallen?"
   Elf Schüler empfanden die Stunde als eher positiv.
   Drei Schüler hatten keine Meinung dazu.
   Drei Schüler empfanden die Stunde als eher negativ.
2. „War es schwer, in eurer Gruppe die einzelnen Rechtskategorien zu erklären?"
   Neun Schülern fiel dieses nicht schwer.
   Zwei Schüler hatten keine Meinung dazu.
   Drei Schülern fiel dieses schwer.
3. „Hast du die Erklärungen deiner Gruppenmitglieder verstanden?"
   13 Schüler haben die Erklärungen verstanden.
   Zwei Schüler hatten keine Meinung dazu.
   Ein Schüler verstand die Erklärungen nicht.
4. „Empfandest du die Arbeit in der Gruppe als angenehm?"
   Zehn Schüler empfanden die Arbeit in der Gruppe als angenehm.
   Ein Schüler hatte keine Meinung dazu.
   Vier Schüler empfanden die Arbeit in der Gruppe als unangenehm.
5. „Fiel es dir schwer, ruhig der Geschichte zuzuhören?"
   Zehn Schülern fiel es nicht schwer, ruhig der Geschichte zuzuhören.
   Zwei Schüler hatten keine Meinung dazu.
   Zwei Schülern fiel es schwer, der Geschichte ruhig zuzuhören.
6. „Konntest du die Sortieraufgabe am Ende gut lösen?"
   Elf Schüler konnten die Sortieraufgabe gut lösen.
   Vier Schüler hatten keine Meinung dazu.
   Kein Schüler hatte Schwierigkeiten mit der Sortieraufgabe.

7. „Wünschst du dir für die nächsten Stunden ähnliche Arbeitsweisen?"
Sechs Schüler wünschen sich für die nächsten Stunden ähnliche Arbeitsweisen.
Drei Schüler hatten keine Meinung dazu.
Fünf Schüler wünschen sich keine ähnlichen Arbeitsweisen.

Dieses Stimmungsbarometer zeigt, auch wenn es sicherlich an einigen Stellen verfälscht ist, dass die Schüler größtenteils in der Gruppe arbeiten können (siehe Frage 2,3, und 4) und auch mit den neuen Methoden zurechtkommen (siehe Frage 1, 5 und 6). Erstaunlich ist wiederum, dass die letzte Fragestellung (*„Wünschst du dir für die nächsten Stunden ähnliche Arbeitsweisen?"*) die meisten negativen Antworten brachte.

Da das Stimmungsbarometer keine zufriedenstellenden Antworten erbrachte, forderte ich die Schüler auf, zudem noch ein schriftliches Feedback innerhalb ihrer Gruppen zu verfassen.

5.2 Das schriftliche Feedback

Die Fragestellung des schriftlichen Feedbacks war, im Gegensatz zu der Fragestellung des mündlichen Feedbacks, viel offener (*„Wie fandet ihr die letzten zwei Stunden? Konntet ihr gut in eurer Stammgruppe arbeiten?"*). Die Schüler hatten also die Möglichkeit, eigene Punkte zu erläutern.

Im Folgenden finden sich die schriftlichen Feedbacks der einzelnen Stammgruppen. Jedem Feedback geht eine kurze Vorstellung der einzelnen Schüler sowie ihres Arbeits- und Sozialverhaltens während der gesamten Unterrichtseinheit voraus. Zudem findet sich im Anschluss jedes Feedbacks eine kurze Schilderung der Mitarbeit der Schülergruppe während der beschriebenen 90-minütigen SOL-Einheit. Nach dem Feedback der Schüler schildere ich meine eigenen Erfahrungen aus der SOL-Einheit.

5.2.1 Schülergruppenfeedback 1

Die Gruppe 1 bestand aus zwei Mädchen sowie zwei Jungen. Der eine Junge (Julian) gehört zu den leistungsstärkeren Schülern der Klasse. Er arbeitet stets fleißig mit und kann den Unterricht an den meisten Stellen durch seine Kommentare voranbringen. Der andere Junge (Peter) ist erst seit Beginn des Jahres in der Klasse und gilt als Außenseiter. In den Stunden zuvor hat er häufiger die Arbeit verweigert, wenn es darum ging, mit einem Partner zusammenzuarbeiten. Seit einer Stunde hat er jedoch in Julian einen Arbeitspartner gefunden und zusammen erbringen sie gute Ergebnisse. Die beiden Mädchen (Julia und Maja) gehören zu den stilleren Schülern. Beide erledigen jedoch stets ihre Aufgaben mit guten bis sehr guten Ergebnissen. Lediglich ihre mündliche Mitarbeit ist nicht gut, wobei Maja sich häufiger beteiligt als Julia.

Feedback:

„Es war ganz OK bis auf ein paar Kleinigkeiten. Es gab etwas Streit aber es war ganz OK. Wir haben gute Ergebnise bekommen."[95]

Während der 90-minütigen Unterrichtsstunden kam es innerhalb der Stammgruppe zu wiederholten Unstimmigkeiten, worauf Peter sich weigerte, mit den Mädchen zusammenzuarbeiten. Er forderte von mir

---

95 siehe hierzu Anhang Seite XIX

extra Arbeitsmaterial, um die von den Mädchen erarbeiteten Texte selber nacharbeiten zu können. Nachdem ich dieses verweigerte und auf den Gruppenzusammenhalt hinwies, forderte Julian ihn auf, "runterzukommen". Ab diesem Zeitpunkt arbeitete die Gruppe zusammen. Positiv ist, dass die Schüler diese anfänglichen Schwierigkeiten erkannt und auch notiert haben.

5.2.2 Schülergruppenfeedback 2

Die Gruppe 2 bestand aus drei Jungen (Memmet, Oscar und Louis) und einem Mädchen (Jasmin). Jasmin gehört zu den leistungsstärkeren Schülern der Klasse. Da sie die letzten Stunden jedoch häufig fehlte, ist sie bei Anwesenheit eher zurückhaltend. Sie übernimmt seitdem lieber die Beobachterrolle mit der Begründung, dass sie *„erst in das Thema hineinkommen"* müsse. Oscar gehört zu den sehr unruhigen Schülern der Klasse. Er ist stets am Kalbern und lenkt so sich und sein Umfeld regelmäßig ab. Ich habe häufig das Gefühl, dass er dem Unterricht schlecht oder gar nicht folgen kann. Memmet ist erst seit Anfang November in der Klasse.[96] Ich habe ihn als ruhigen Schüler erlebt. Mündlich arbeitet er überhaupt nicht mit, schriftlich hingegen erfüllt er seine Aufgaben. Louis zählt momentan zu den besten Schülern. Auch wenn er häufig Gespräche mit seinen Tischnachbarn führt, ist er immer „bei der Sache" und meldet sich stets. Da er die Klasse wiederholt, ist ihm das Thema bereits bekannt und er teilt sein Wissen gerne mit seinen Mitschülern. Louis würde ich als treibende Kraft der Klasse beschreiben.

---

96 siehe hierzu Punkt 4.4 Lerngruppenanalyse

Feedback:

"~~Es war scheiße weil Oscar, Louis und Jasmin ales machen müssen und Memmet alles gelessen hat. Es war~~ gut. Louis hat alles gemacht. Ich abe geschrieben und Memmet hat gelesen und Jasmin auch."[97]

Die Schülergruppe war sehr laut und musste mehrmals ermahnt werden. Auslöser dieser Unruhen war Oscar, der ständig aufsprang und so seine gesamte Gruppe ablenkte. Dieses Schülerfeedback ist sehr unklar. Vermutlich hat die Gruppe die Aufgabenstellung nicht ganz mitbekommen, da hier die Rede von Lesen und Schreiben ist, und diese Bereiche nicht in der Stammgruppe erarbeitet werden sollten. Auch die unklare Aussage (erst war es *„scheiße"* und dann war es *„gut"*) zeigt mir, dass die Schüler mit einer gewissen Unehrlichkeit an die Arbeit gegangen sind. Dieses Ergebnis wundert mich, da Gruppenarbeiten um Louis normalerweise zu guten Ergebnissen führen. Ich könnte mir vorstellen, dass die Schülermischung aus Louis, Oscar und Memmet zu Unproduktivität innerhalb der Gruppe führte.

5.2.3 Schülergruppenfeedback 3

Die Gruppe 3 bestand aus zwei Mädchen und zwei Jungen. Das eine der Mädchen (Jacky) arbeitet meistens gut mit. Häufig übernimmt sie die Führung, wenn es um Organisatorisches innerhalb der Klasse oder ihrer Gruppe geht. Ihre Arbeitsergebnisse entsprechen stets den Anforderungen. Anders verhält es sich bei dem zweiten Mädchen der Gruppe (Sonja). Ihr Arbeitsverhalten ist häufig sehr nachlässig und sie erledigt ihre Aufgaben

---

97 siehe hierzu Anhang Seite XIX

nur widerwillig. Das gleiche Verhalten zeigt sich bei einem der beiden Jungen (Gerald). Er scheint immer müde zu sein, weshalb er ständig unkonzentriert und nicht bereit für seine Arbeiten ist. Während einer Gruppenarbeit ist er zwar anwesend, trägt jedoch nicht zu dem Ergebnis bei. Anders ist das Verhalten des zweiten Jungen (Can). Er nimmt sich immer sehr viel vor, will stets überdurchschnittliche Ergebnisse erbringen und muss dann feststellen, dass er dieses nicht erreichen kann. Seine Selbsteinschätzung ist sehr schlecht.
Feedback:

„Es war grandios, wir haben uns gut verstanden, wir hatten keine Probleme & waren uns einig."[98]

Die Schülergruppe fiel während der Stammgruppenphase weder durch Lautstärke noch durch Fragestellungen auf. Sie arbeitete konzentriert und ohne große Probleme; ihr Feedback spiegelt dieses. Ich vermute, die Formulierung „grandios" stammt von Can, da er häufiger zu Übertreibungen neigt. Obwohl das Feedback scheinbar meine Beobachtungen wiedergibt, könnte ich mir vorstellen, dass kleinere Probleme vertuscht wurden.

5.2.4 Schülergruppenfeedback 4

Die Gruppe 4 bestand aus zwei Mädchen und zwei Jungen. Der eine Junge (Mika) arbeitet mündlich nicht mit. Seitdem er in der Klasse ist (seit ca. einem Jahr), habe ich ihn in meinem Unterricht noch nicht einmal aufzeigen sehen. Schriftliche Aufgaben erledigt er jedoch zügig und größtenteils richtig. Seit einigen Stunden hat er sich als Arbeitspartner mit Samir (dem

---

98 siehe hierzu Anhang Seite XIX.

anderen Jungen der Gruppe) zusammengefunden. Samir ist stets aktiv, trägt zum einen zum Unterricht bei, belustigt zum anderen jedoch auch die ganze Klasse. Sein Arbeitsverhalten ist zügig und sorgfältig. Das eine der Mädchen (Maria) gehört zu den leistungsstarken Schülern der Klasse. Sie ist immer aufmerksam dabei und liefert gute Beiträge. Ganz im Gegenteil zu ihrer Arbeitspartnerin Aylin (das zweite Mädchen der Gruppe). Aylin vermittelt einem den Eindruck, als sei sie immer sehr müde. Ihre zusammengesunkene Körperhaltung sowie ihre Reaktionsgeschwindigkeit unterstützen diesen Eindruck. Sie beteiligt sich nicht mündlich und auch ihre schriftliche Leistung ist nicht gut. Durch die Arbeit mit Maria in einer Gruppe wird sie jedoch mitgezogen und ihr werden Aufgaben zugeteilt, die sie dann auch erledigt.

Feedback:

> *„Ein paar haben nicht mitgearbeitet. Meistens sind alle nett gewesen. Wir wurden schnell fertig. War ganz okay."*[99]

Dieses Schülerfeedback erstaunt mich etwas, da nach meinen Beobachtungen alle Gruppenmitglieder gearbeitet haben. Ich hatte zudem das Gefühl, dass Samir, der sonst sehr laut und aufbrausend ist, durch seine ruhigen (Dennis und Aylin) und gewissenhaften (Maria) Gruppenmitglieder ein wenig gedämpft wurde und dadurch gut arbeiten konnte. Dieses Feedback ist für mich ein guter Beweis dafür, dass Schüler ihre Arbeitsweise häufig anders beurteilen als die Lehrkraft und dass diese häufig gruppeninterne Probleme nicht mitbekommt. Dieses Schülerfeedback zeigt, wie wichtig

---

99 siehe hierzu Anhang Seite XIX

solche Rückmeldungen sind und dass sie häufiger im Unterricht eingeplant werden sollten.

5.2.5 Schülergruppenfeedback 5

Gruppe 5 bestand aus zwei Mädchen und zwei Jungen. Die beiden Jungen gehören zu den auffälligen Schülern der Klasse. Der eine (Daniel) ist erst seit dem Schuljahr 2010/2011 in der Klasse und konnte sich bis jetzt nicht richtig eingewöhnen. Er arbeitet daher lieber alleine und verweigert häufiger die Arbeit, wenn er in Partner- oder Gruppenarbeit tätig sein soll. Er sucht ständig Bestätigung für seine Arbeit und möchte alles alleine erklärt bekommen. Kilian fällt hingegen durch häufige Unaufmerksamkeit und seine zwanghafte Beschäftigung mit anderen Gegenständen (Geodreieck, Kugelschreiber etc.) auf. Häufig ist er dermaßen in etwas anderes vertieft, dass er direkt an ihn gerichtete Aufforderungen nicht bemerkt. Auch bei schriftlichen Arbeiten fällt es ihm schwer, seine Konzentration auf eine Sache zu richten. Die beiden Mädchen der Gruppe (Juliana und Matilda) zeigen ein ähnliches Arbeitsverhalten. Beide unterhalten sich gerne während des Unterrichts über andere Themen, können aber auch konzentriert arbeiten und erbringen dann gute Ergebnisse. Matilda ist häufig sehr vorlaut und altklug, weshalb es ihr schwerfällt, in einer Gruppe zu arbeiten und die Meinungen der anderen als vollwertig zu betrachten.

Feedback:

„Es war schlecht weil die jungs über ein spiel gelabbert haben. Am ende war es besser sie haben endlich angefangen zu lesen und haben etwas dazu gesagt."[100]

Dieses Schülerfeedback spiegelt meine Beobachtungen aus der Stunde wieder. Die beiden Mädchen brauchten eine lange Zeit, um die Jungen zum Arbeiten zu motivieren, zudem akzeptierte Daniel zu Beginn nicht die Kompetenz seiner Mitschüler und forderte Texterklärungen von mir ein. Ich hätte im Vorfeld vermutet, dass die Mädchen aufgeben und alleine weiterarbeiten. Da ihnen jedoch bewusst war, dass sie auf die Jungen in dieser Gruppenarbeit angewiesen sind, ließen sie nicht locker und erreichten letztlich die Mitarbeit der Jungen. Ich hätte mir gewünscht, dass die Schüler in ihrem Feedback den Grund der Wandlung der Jungen benennen, um so einen Einstieg für die nächste Gruppenarbeitsphase zu haben.

5.2.6 Meine Erfahrungen mit der 90-minütigen SOL-Einheit (Reflexion)

Nach mehreren Stunden, die anteilig nach dem SOL-Konzept geplant und durchgeführt wurden, ging ich mit gemischten Gefühlen in die Stunde, die 90 Minuten reine SOL-Methodik beinhalten sollte. Zum einen hatte ich Bedenken, dass die Schüler sich in Gruppen zusammenfinden, die überhaupt nicht miteinander arbeiten können, zum anderen erhoffte ich mir, mithilfe dieser freien Arbeitsform den Ehrgeiz bei einigen Schülern wecken zu können.

---

100 siehe hierzu Anhang Seite XX.

Im Anschluss an die Stunde reflektierte ich diese mit Blick auf meine Bedenken und Hoffnungen sowie nach folgenden Kriterien: Gesamteindruck, Schülerverhalten, Lehrerverhalten, Methode in Bezug auf die Lerngruppe sowie das Erreichen der fachlichen und methodischen Ziele. Mein Gesamteindruck der Stunde war gut. Ich hatte das Gefühl, dass es ruhiger war und es zu weniger Störungen kam als in meinen bisherigen Unterrichtsstunden. Das Schülerverhalten war sehr heterogen. Zu Beginn der Unterrichtsstunde sollten die Schüler einen Stuhlkreis aufbauen, was sehr lange dauerte, da sich einige Schüler weigerten, neben anderen im Kreis zu sitzen. Zudem halfen nur drei Schüler (Louis, Sonja, Maria), die Tische wegzurücken, damit überhaupt der Platz für einen Kreis geschaffen werden konnte. Trotz allem kehrte, nachdem der Kreis fertig war, schnell Ruhe ein. Louis, der die Klasse wiederholt[101] und die Geschichte, die im Kreis gelesen werden sollte, schon kannte, sorgte für Ruhe, indem er den anderen Schülern berichtete, dass es sich um *"eine gute Geschichte"* handele.[102] Während der Geschichte lauschte die ganze Klasse gespannt meinen Worten. Die einzige Ausnahme bildete Daniel. Er störte an unpassenden Stellen mit Kommentaren wie *"So'n Blödsinn!"* oder *"Das ist ja lustig/cool/geil"* den Text und verärgerte somit seine Klassenkameraden. Ich könnte mir vorstellen, dass Daniel auf diese Weise seinen Gefühlen, die während der Geschichte aufgekommen sind, Luft machen wollte und dieses über die Schiene des „Lustigmachens" getan hat. Im Anschluss an die Geschichte kamen sehr viele

---

101 siehe hierzu Punkt 4.4 Lerngruppenanalyse
102 Anm.: Den Titel der Geschichte ("12 Dollar") hatte Louis dem Advance Organizer entnommen.

Kommentare und Bemerkungen, die ohne Ausnahme Betroffenheit und Mitgefühl zeigten. Ich denke, dass die Geschichte einen gewissen Identifikationscharakter hat, da es sich um ein Mädchen in etwa dem Alter der Schüler handelt. Das Dreiergespräch verlief ohne Schülerauffälligkeiten. Die bedrückende Stimmung der Geschichte dauerte an und die Schüler führten sehr ernste Gespräche. Leider taten sich Oscar, Louis und Memmet[103] zusammen. Die drei waren die einzigen, die kein Gespräch über die Geschichte, sondern über ihre Wochenendaktivitäten führten.
Die Erarbeitungsphase in Form des Gruppenpuzzles verlief gut. Zu Beginn versuchten zwar einige Schüler, ihre farbigen Texte untereinander zu tauschen, um die ganze Zeit (Stammgruppe und Expertengruppe) zusammenarbeiten zu können, verstanden dann jedoch schnell, dass das nicht möglich ist. Die Schüler tauschten dann wieder zurück und trafen sich in Expertengruppen. Glücklicherweise kam es weder in den selbst gewählten Stammgruppen noch in den zufälligen Expertengruppen zu besonders explosiven Schülermischungen. So wurde in der gesamten Gruppenpuzzlephase gut gearbeitet. Daniel war wieder der einzige, der aus der Reihe fiel. Er forderte ständig meine Aufmerksamkeit, indem er, sowohl während der Expertengruppenarbeit als auch während der dritten Phase in den Stammgruppen, Wörter oder Sätze von mir erklärt haben wollte, mit der Begründung, seine Mitschüler könnten ihm das

---

103 Anm.: Die drei Schüler Oscar, Louis und Memmet können in Einzelarbeit durchaus gute Leistungen erbringen. Als eine Gruppe können sie jedoch nicht arbeiten, da sie sich ständig gegenseitig ablenken. Siehe hierzu auch Schülergruppenfeedback 5.

nicht erklären.[104] Ich denke, dass Daniel die Lehreraufmerksamkeit, die während einer freien Arbeitsphase wegfällt, braucht, um sich in dem, was er tut, bestätigt zu sehen. Eventuell erhofft er sich sogar, durch seine ständigen Fragen positiv aufzufallen.

In der letzten Arbeitsphase, der Sortieraufgabe, waren die Schüler sehr ruhig und diszipliniert. Bei Diskussionen mit ihrem Tischnachbarn[105] ging es stets um die Aufgabe. Auch hier fiel Daniel wieder auf, der nach jeder Zuordnung meine Zustimmung forderte. Als ich ihm diese jedoch verweigerte und bei Fragen an seinen Tischnachbarn verwies, schmiss er mit Beleidigungen um sich.

Da ich mich ziemlich stark aus den Erarbeitungsphasen heraushalten konnte, legte ich besonderes Augenmerk auf mein Verhalten während der Überleitungen und der Gespräche mit einzelnen Schülern. Mir fiel dabei auf, dass ich bei Überleitungen bzw. bei Erklärungen einzelner Arbeitsphasen zu detaillierten Beschreibungen des Arbeitsvorganges neige, und somit der Selbstorganisation der Schüler schon einiges vorausnehme. Zudem bin ich der Meinung, dass ich an zu vielen Punkten durch Hilfestellungen den Schülern auf die Sprünge geholfen habe (besonders bei Daniel). Ich hätte häufiger auf die Gruppenmitglieder oder den Tischnachbarn verweisen müssen. Ich habe somit festgestellt, dass nicht nur die Schüler diese neue Art des Arbeitens lernen müssen, sondern dass auch ich in diesen Lernprozess inbegriffen bin. Obwohl diese neue Art des Arbeitens noch nicht

---

104 siehe hierzu auch Schülergruppenfeedback 5
105 Anm.: Obwohl es sich um eine individuelle Arbeitsphase handelte, stellte ich den Schülern frei, sich mit ihrem Tischnachbarn im Flüsterton auszutauschen.

ausgereift ist und an vielen Stellen noch Defizite bestehen, bin ich der Meinung, dass sowohl das Dreiergespräch als auch das Gruppenpuzzle und die Sortieraufgabe die richtigen Methoden für die Lerngruppe darstellen. Ich konnte beobachten, dass viele Schüler, die sich sonst nicht am Unterricht beteiligen, plötzlich gefordert waren und Leistung erbrachten. Zudem habe ich festgestellt, dass Schüler, die sonst häufig den Unterricht stören, kein Publikum mehr haben, da alle Gruppen für sich arbeiten.[106] Ich habe jedoch auch Schüler erlebt (z. B. Daniel), die nicht mehr arbeiten wollten, da sie das Gefühl hatten, ihre Arbeit wurde nicht mehr von mir als Lehrperson wertgeschätzt.

Meine gesteckten Ziele wurden in dieser Stunde erreicht. Leider kann ich nicht genau sagen, ob wirklich jeder Schüler diese Ziele erreicht hat. Ich habe zwar die Schülerreflexion als Kontrolle, kann jedoch nicht sicher sein, dass jeder Schüler wahrheitsgemäß geantwortet hat und sein Ergebnis nicht geschönt hat.

---

106 Anm.: Ich habe die Erfahrung gemacht, dass die meisten Störungen in Einzelarbeitsphasen oder Stillarbeitsphasen stattfinden, da hier deutlich bessere Möglichkeiten geboten werden.

6. Fazit

In die Arbeit mit dem SOL-Konzept habe ich einige Hoffnungen gelegt. Zum einen erhoffte ich mir, vermeintlich schwierige Schüler zu guten Arbeitsergebnissen verhelfen zu können und sie so intrinsisch zu motivieren. Zum anderen wollte ich mithilfe vermehrter Gruppenarbeitsphasen den Klassenzusammenhalt fördern.[107] In Hinsicht auf diese beiden Zielsetzungen bin ich zu zweierlei Ergebnissen gekommen:
Viele Schüler haben die Arbeit in der Gruppe sowie die gesamte Öffnung des Unterrichts als Chance angenommen und gute bis sehr gute Ergebnisse erzielt. Besonders die stilleren Schüler haben aktiv mitgearbeitet und so zum Gesamtergebnis maßgebend beigetragen. Andererseits haben andere Schüler diese Form der Arbeit nicht für sich akzeptiert. Besonders Schüler, die lieber alleine arbeiten, haben sich durch die ständige Aufforderung in Gruppen zu arbeiten, eher zurückgezogen und teilweise sogar die Mitarbeit komplett verweigert. Trotzdem habe ich die Gruppenarbeit und vor allem das selbstständige Arbeiten in der Gruppe als große Chance für sonst eher stille und schwächere Schüler erlebt, da hier jeder seine eigenen Talente einbringen konnte, um so zu einem guten Gruppenergebnis beizutragen.[108] Durch die gruppeninternen Hilfe-

---

107 siehe hierzu Punkt 1 Vorwort
108 Anm.: Als Beispiel sei hier ein Schüler genannt, der zwar nicht gut im Lesen und Schreiben ist, durch seine Kreativität jedoch stets zu guten Präsentationstechniken beigetragen hat und so der Gruppe zu einem guten Gesamtergebnis verholfen hat. In einer Einzelarbeit wäre sein Ergebnis wahrscheinlich schlechter ausgefallen, da ihm seine schwache Lese- und Schreibkompetenz im Wege gestanden hätte.

stellungen hatte ich auch das Gefühl, dass die Klasse etwas mehr zusammenwächst. Da es häufig Zufallsgruppen gab, kam es zu neuen Schülerkonstellationen und sogar zu neuen Freundschaften. Schüler, die sonst eher als Außenseiter galten, wurden auf einmal in die Klasse integriert, da ihre Mitschüler besondere Talente, die zur Lösung einer Aufgabe gebraucht wurden, an ihnen erkannten. Meine Hoffnungen in das Konzept hatten sich also größtenteils erfüllt.

Anders sah es aus mit der konkreten Zielsetzung der SOL-Einheit. Diese lautete:

„Ich möchte gerne, dass meine Werte und Normen-Schüler in der Klasse 7a bis zu den Weihnachtsferien selbstständig ihr Lerntagebuch führen und eigenständig in der Lage sind, ihre Lern-Lehrvereinbarung zu erfüllen bzw. so zu formulieren, dass sie erfüllbar wird."[109]

Die Schüler haben ein großes Interesse entwickelt, ihre Lerntagebücher stets auszufüllen und neue Arbeitsblätter einzuheften. Leider sehen sie jedoch bis heute keinen Sinn in dem regelmäßigen Ausfüllen der Lerntagebuch-Bögen. Da dieses in den meisten Stunden als Hausaufgabe erfüllt werden sollte, gab es nur zwei Schüler, die diese Aufgabe regelmäßig erbrachten. Ich merkte, wie viel Training ein Lerntagebuch bedarf. Anders sah es aus mit der Lehr-Lernvereinbarung. Diese wurde von ca. 80% der Schüler mit voller Ernsthaftigkeit bearbeitet und auch umgesetzt. Einige Schüler verstanden jedoch auch hier nicht den Sinn. Sie korrigierten ihre Wunschnote mit Absicht nach unten, damit sie weiterhin Unfug machen konnten und nicht anständig

---

109 siehe hierzu Punkt 3.2 Praktische Erfahrungen

mitarbeiten brauchten. Mit diesen Schülern führte ich ein Gespräch, das dazu führte, dass sie widerwillig eintrugen, was sie sich für die kommenden Stunden vornehmen wollten. Im gleichen Zug versicherten sie mir jedoch, dass sie sich eh nicht daran halten werden. Da Herold und Landherr in ihrem Buch empfehlen:

„Sie sollten sich nach einer kurzen Zuwendung an die Verweigerer wieder dem "Hauptfeld" zuwenden, denn dort werden Sie gebraucht. Der Verweigerer braucht sie nicht. Machen Sie ihm nur klar, dass Sie seine Entscheidung respektieren, weil Sie ihn in seiner Persönlichkeit schätzen. Geben Sie ihm jederzeit die Möglichkeit, seine Entscheidung zu korrigieren und mit neuen Erkenntnissen auf Sie zuzukommen.",

tat ich dieses und ging ansonsten nicht weiter darauf ein.

Obwohl ich somit mein gestecktes Ziel der ersten richtigen SOL-Einheit nicht erreicht habe, bin ich nach wie vor der Meinung, dass das Konzept des SOL eine gute Möglichkeit ist, gerade leistungsschwächeren Schülern eine Chance zu geben, sich besser einzubringen und somit ihre Leistungen zu steigern. Auch wenn einige formale Disziplinen, wie etwa das selbstständige Ausfüllen der Lerntagebücher oder der Lehr-Lernvereinbarung, schwer anlaufen und mehr Übung verlangen als das Einführen einer neuen Methode, wie das Dreiergespräch oder das Gruppenpuzzle, werde ich auch nach den Weihnachtsferien meinen Unterricht weiterhin nach diesem Konzept planen und überlegen, ob ich in Zukunft in weiteren Klassen mit SOL arbeite. Eventuell finde ich zudem noch Kollegen, die ich überzeugen

kann, an dem Konzept mitzuarbeiten, um die Kontinuität und somit auch den Erfolg zu steigern.
Herold und Landherr versichern dem Leser letztendlich auch:

„Ihre 2. SOL-Phase wird wesentlich besser verlaufen als Ihr erster Versuch. Wenn Sie merken, dass Ihren Schülern Zusammenhang zwischen Selbstorganisation und Zielorientierung, zwischen Selbstoptimierung, Selbstverantwortung und Dynamik klarer geworden ist, können sie Ihre Organisationsvorgaben systematisch und behutsam zurückfahren. Freuen Sie sich auf eine Lernkultur unter ihrer Leitung."[110]

In diesem Sinne werde ich meine nächste SOL-Einheit planen, und mich auf das freuen, was mich infolgedessen erwartet.

---

110 vgl. ebd. Seite 205

Bibliografie

Aronson, E.: Cooperation in the Classroom. The Jigsaw-Method, Pinter & Martin Ltd., ²2009

Brot für die Welt (Hrsg.): Kinder haben Rechte! Unterrichtsbausteine zum Thema „UN-Kinderrechtskonvention". Grundschule und Orientierungsstufe, Stuttgart, 2002

Brüning, L., Saum, T.: Erfolgreich unterrichten durch kooperatives Lernen. Strategien zur Schüleraktivierung. Band 1, Neue Deutsche Schule Verlagsgesellschaft, Essen, ⁵2009

Ciompi, L.: Die emotionalen Grundlagen des Denkens. Entwurf einer fraktalen Affektlogik, Vandenhoeck und Ruprecht, Göttingen, ²1997

Duden Bd. 5: Fremdwörterbuch. Neue Rechtschreibung, Dudenverlag, Mannheim u. a., ⁶1997

Eilerts, Wolfram und Kubler, Heinz-Gunter (Hrsg.): Kursbuch Religion Elementar. Ein Arbeitsbuch für den Religionsunterricht im 5./6. Schuljahr, Calwer Verlag, Stuttgart, ⁵2006

Fasholz, J.: Anforderungen an eine allgemeine technische Bildung aus Sicht der Wirtschaft. Aus: v. Saldern, M.: Schulleistung in Diskussion, Schneider-Verlag, Baltmannsweiler, 1999

Herold, M./Landherr, B.: SOL. Selbst organisiertes Lernen. Ein systemischer Ansatz für Unterricht. Praxisband 1. Biologie. Chemie. Ernährungslehre, Schneider-Verlag Hohengehren, Baltmannsweiler, 2005

Herold, M./Landherr, B. (Hrsg.): SOL. Selbstorganisiertes Lernen. Ein systemischer Ansatz für Untericht. Schneider-Verlag Hohengehren, Baltmannsweiler, ²2003

Landesinstitut für Erziehung und Unterricht. Unterrichtsbeispiele zur Handlungsorientierten Themenbearbeitung, H. 97/31, 1997

Liebel, M.: Wozu Kinderrechte. Grundlagen und Perspektiven, Juventa Verlag, Weinheim und München, 2007

Neber, H. et. al. (Hrsg.): Selbstegesteuertes Lernen, Beltz Verlag, Weinheim und Basel, 1978

Weinert, F. E.: Lernkultur im Wandel. Aus: Beck, Erwin; Guldimann, Titus; Zutavern, Michael (Hrsg.): Lernkultur im Wandel. Tagungsband der Schweizerischen Gesellschaft für Lehrerinnen- und Lehrerbildung und der Schweizerischen Gesellschaft für Bildungsforschung, Fachverlag für Wissenschaft und Studium, St. Gallen, 1997

Zielske, I.: Handlungsorientierter Unterricht ist projektorientierter Unterricht. Schülerinnen und Schüler der 3. Jahrgangsstufe drucken in einer projektorientierten Unterrichtssequenz ein Buch, Grin Verlag, Norderstedt, 2005 http://www.oecd.org/dataoecd/36/56/35693281.pdf, Seite 16 (15.12.2010, 17:32 Uhr)

http://www.oecd.org/document/8/0,3343,de_34968570_35008930_46582920_1_1_1_1,00.html (11.12.2010, 17:26 Uhr)

http://lehrerfortbildung-bw.de/unterricht/sol/ (10.10.2010, 20.22Uhr).

http://www.nibis.de/nli1/gohrgs/kerncurricula_nibis/kc_2009/hs/2009-7-1_WeNo_HS_Internetfassung.pdf (05.01.2010)

http://www.unicef.de/fileadmin/content_media/Aktionen/Kinderrechte18/UNKinderrechtskonvention.pdf (24.05.2010)

http://arbeitsblaetter.stangltaller.at/LEHREN/gruppenpuzzle.gif (11.12.2010, 16:15 Uhr)

http://www.it.hs-esslingen.de/~schmidt/vorlesungen/mm/seminar/ssoo/HTML/Koch.jpg (16.12.2010, 15:44 Uhr)

Anhang

Anhangsverzeichnis

1. PISA-Ergebnisse — I
2. Die Koch-Kurve (Kochsche Schneeflocke) — II
3. Advance Organizer — III
4. Muster eines Beurteilungsblattes — IV
5. Lerntagebuch „Wer bin ich?" (exemplarisch ohne Arbeitsmaterial) — VI
6. Lerntagebuch „Kinderrechte" (exemplarisch ohne Arbeitsmaterial) — XIV
7. 5 Lehr- Lernvereinbarungen (exemplarisch) — XXII
8. Geschichte „12 Dollar" — XXVII
9. Informationstexte der Unterrichtsstunde — XXVIII
10. 13 Kinderrechte (Arbeitsblatt) — XXX
11. Fotos des Stimmungsbarometers — XXXI
12. 5 Schülerfeedbacks — XXXV

1. PISA-Ergebnisse

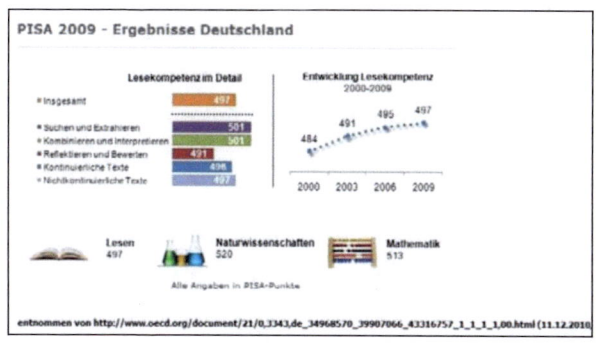

2. Die Koch-Kurve (Kochsche Schneeflocke)

<u>Anfangsform:</u> ein gleichseitiges Dreieck der Länge 1.

<u>Erzeugungsregel:</u> In der Mitte jeder Seite ein gleichseitiges Dreieck der Länge 1/3 hinzufügen.

<u>Erzeugungsprinzip:</u>

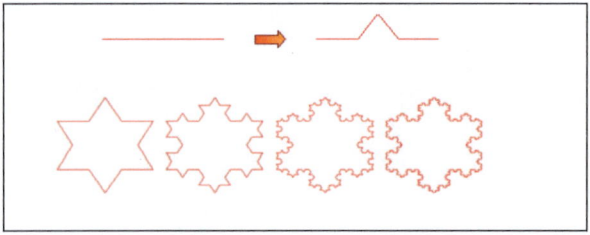

entnommen von: http://www.it.hs-esslingen.de/~schmidt/vorlesungen/mm/seminar/ss00/HTML/Koch.jpg

3. Advance Organizer

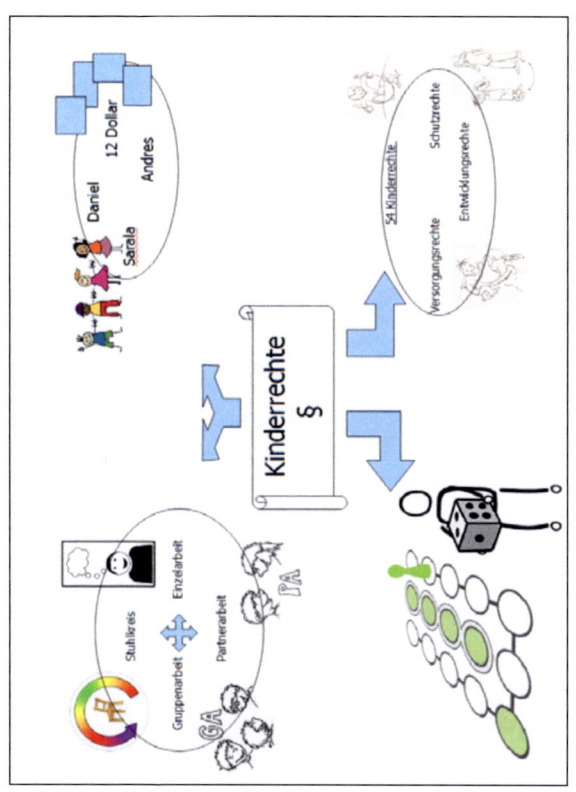

4. Muster eines Beurteilungsblattes

2. Individuell (F)

Sprache: Fachsprache, freie Rede, Einhaltung der Redezeit

| 2 | 1 | 0 | L |

Inhalt: fachliche Tiefe, fachlich fehlerfrei, übersichtlich

| 2 | 1 | 0 | L |

Weitere, von allen Beteiligten akzeptierte und verstandene Kriterien

Maximale Punktzahl/ erreichte Punktzahl

| 17 | |

Fachkompetenz

Punkte der Klassenarbeit (Ergebnisbewertung F)

Maximale Punktzahl/Erreichte Punktzahl

| 66 | |

Verrechnungspunkte insgesamt (Punktesumme)

| 100 | |

Lernberatung :

Datum: Unterschriften

2. Gruppe (S+F)

Wir haben für jeden Arbeitstag einen Aktionsplan erstellt und seine
Zielreichung evaluiert (Anlage, S. 156)

| 2 | 1 | 0 | L |

Pläne und Evaluationen beilegen

Wir haben den vorgegebenen Terminplan eingehalten und
unseren Arbeitsauftrag fristgerecht fertiggestellt

| 2 | 1 | 0 | L |

Nachweis

Wir haben für unsere Gruppe Gruppenregeln aufgestellt

| 2 | 1 | 0 | L |

Welche?

Weitere Kriterien

Maximale Punktzahl/Erreichte Punktzahl

| 7 | |

Präsentation (Produktbewertung)

1. Gruppe (F)

Eröffnung: Übersicht, Thema und Ziel, Gliederung, Timing

| 2 | 1 | 0 | L |

Plakat: Gestaltung, Übersicht, Vollständigkeit

| 2 | 1 | 0 | L |

Weitere Kriterien

5. Lerntagebuch „Wer bin ich?" (exemplarisch[1] ohne Arbeitsmaterial)

---

[1] Anm.: Hierbei handelt es sich um ein sehr gut geführtes Lerntagebuch. Ein schlecht geführtes würde sich durch fehlende Seiten auszeichnen und an dieser Stelle keinen Einblick bieten können.

Mein persönliches Lerntagebuch: Tagesbericht

1. Beschreibung

- Datum: 16.8.10
- Thema: Wer bin ich?
- Aufgabe: Auf den Identitycard raufschreiben wie ~~wi~~ man aussieht und was man gerne macht.

- Insgesamt war ich mit dem Ergebnis
- X zufrieden
- nicht so ganz zufrieden
- gar nicht zufrieden

2. Meine persönlichen Einschätzungen

Das ist mir gut gelungen: ?

Das hat besonderen Spaß gemacht: Das zu raten

Das war schwierig: gar nichts

Das habe ich nicht verstanden: alles verstanden

Das war besonders hilfreich: ?

Und das würde ich das nächste Mal anders machen:
? ?

1

Mein persönliches Lerntagebuch: Tagesbericht

1. Beschreibung

- Datum: 17.8.10
- Thema: Wer bin ich
- Aufgabe: Sterzchen ausfüllen

- Insgesamt war ich mit dem Ergebnis
- [X] zufrieden
- nicht so ganz zufrieden
- gar nicht zufrieden

2. Meine persönlichen Einschätzungen

Das ist mir gut gelungen: Das ich viele Sachen aufgeschrieben hab.

Das hat besonderen Spaß gemacht: alles

Das war schwierig: || — || — ||

Das habe ich nicht verstanden: || — || — ||

Das war besonders hilfreich: || — || — ||

Und das würde ich das nächste Mal anders machen:
H HH HAA

Mein persönliches Lerntagebuch: Tagesbericht

1. Beschreibung
   - Datum: 20.8.10
   - Thema: Wer bin ich?
   - Aufgabe: Schreiben was wir können

   - Insgesamt war ich mit dem Ergebnis
   - [x] zufrieden
   - nicht so ganz zufrieden
   - gar nicht zufrieden

2. Meine persönlichen Einschätzungen

   Das ist mir gut gelungen: ?

   Das hat besonderen Spaß gemacht: Es hat Spaß gemacht.

   Das war schwierig: .

   Das habe ich nicht verstanden: ?

   Das war besonders hilfreich: ?

   Und das würde ich das nächste Mal anders machen:
   ?

Mein persönliches Lerntagebuch: Tagesbericht

1. Beschreibung

· Datum: 27.8.10
· Thema: Wer bin ich?
· Aufgabe: Ein blatt ausfüllen von der Bibel. Typisch Mädchen und Junge

· Insgesamt war ich mit dem Ergebnis
- [X] zufrieden
- [ ] nicht so ganz zufrieden
- [ ] gar nicht zufrieden

2. Meine persönlichen Einschätzungen

Das ist mir gut gelungen: •/•

Das hat besonderen Spaß gemacht: Fast alles

Das war schwierig: •/•

Das habe ich nicht verstanden: •/•

Das war besonders hilfreich: o/•

Und das würde ich das nächste Mal anders machen:

Mich mehr melden.

Mein persönliches Lerntagebuch: Tagesbericht

1. Beschreibung
- Datum: 3.9.10
- Thema: wer bin ich
- Aufgabe: Ein Zettel ausfüllen.

- Insgesamt war ich mit dem Ergebnis
- [x] zufrieden
- nicht so ganz zufrieden
- gar nicht zufrieden

2. Meine persönlichen Einschätzungen

Das ist mir gut gelungen: ?

Das hat besonderen Spaß gemacht: ? alles

Das war schwierig: ? gar nichts

Das habe ich nicht verstanden: ?

Das war besonders hilfreich: ?

Und das würde ich das nächste Mal anders machen:
?

Mein persönliches Lerntagebuch: Tagesbericht

1. Beschreibung

· Datum: 20.8.10
· Thema: Wer bin ich
· Aufgabe: Sprechblasen ausfüllen

· Insgesamt war ich mit dem Ergebnis
X zufrieden
· nicht so ganz zufrieden
· gar nicht zufrieden

2. Meine persönlichen Einschätzungen

Das ist mir gut gelungen: alles

Das hat besonderen Spaß gemacht: alles

Das war schwierig: // — //

Das habe ich nicht verstanden: // — //

Das war besonders hilfreich: // — //

Und das würde ich das nächste Mal anders machen:
// — //

6. Lerntagebuch „Kinderrechte" (exemplarisch[2] ohne Arbeitsmaterial)

---

[2] Anm.: Hierbei handelt es sich um ein sehr gut geführtes Lerntagebuch. Ein schlecht geführtes würde sich durch fehlende Seiten auszeichnen und an dieser Stelle keinen Einblick bieten können.

Inhaltsverzeichnis

Datum	Thema	Seite
5.11.10	Meine Wünsche, Träume, Angste	-1-
8.11.10	Wir sind Kinder	-2-
12.11.10	Wir sind Kinder	-4-
15.11.10	Welche Rechte gibt es?	-5-
19.11.10	Die 4 Kategorien der Kinderrechte	-6,7-
22.11.10	Die 4 Kategorien der Kinderrechte	-8-
3.12.10	Sarala aus Indien	-9-
6.12.10	Sarala aus Indien	-10-
13.12.10	Sarala aus Indien Präsentation	-11-
17.12.10	Sarala aus Indien Präsentation	-12-

Mein persönliches Lerntagebuch: Tagesbericht

1. Beschreibung

- Datum: __5.11.10__
- Thema: __Meine Wünsche, Träume, Ängste__
- Aufgabe: __Wir mussten unsere Wünsche, Träume, Ängste aus grüne, blaue und Rote Wörtchen schreiben. Wünsche = grün, Träume = blau, Ängste = rot__
- Insgesamt war ich mit dem Ergebnis

X zufrieden

- nicht so ganz zufrieden
- gar nicht zufrieden

2. Meine persönlichen Einschätzungen

Das ist mir gut gelungen: __Eine Karte des Jungen gut zu Erklären.__

Das hat besonderen Spaß gemacht: __Auf die Wörtchen meine Wunsche zu schreiben.__

Das war schwierig: __Die Wunsche des Jungen nach zu empfinden.__

Das habe ich nicht verstanden: __Warum mussen die Kinder in Afrika so arm leben?__

Das war besonders hilfreich: _____

Und das würde ich das nächste Mal anders machen:

_____

_____

−1−

Mein persönliches Lerntagebuch: Tagesbericht

1. Beschreibung

- Datum: 12.11.12
- Thema: Wir sind Kinder!
- Aufgabe: Wir sollten einen Text über andere Kinder lesen. Ich hatte Sonja

- Insgesamt war ich mit dem Ergebnis
- zufrieden
- X nicht so ganz zufrieden
- gar nicht zufrieden

2. Meine persönlichen Einschätzungen

Das ist mir gut gelungen: Die hobbys von ihr aufzuschreiben denn so enliche habe ich auch.
Das hat besonderen Spaß gemacht: Es war lustig den Steckbrief von Soja vorzustellen.
Das war schwierig:

Das habe ich nicht verstanden:

Das war besonders hilfreich: Auch mal zu sehen was andere so machen?
Und das würde ich das nächste Mal anders machen:

Das ich mich das nächste mal mehr anstrege und keine 4 bekomme.

Mein persönliches Lerntagebuch: Tagesbericht

1. Beschreibung

- Datum: 15.11.10
- Thema: Welche Rechte gibt es?
- Aufgabe: Wir mussten eine geschichte über Ein Kind schreiben das ein Recht nicht hatt. z.B Das recht zur Schule zu gehen.

X Insgesamt war ich mit dem Ergebnis

- zufrieden
- nicht so ganz zufrieden
- gar nicht zufrieden

2. Meine persönlichen Einschätzungen

Das ist mir gut gelungen: Ich habe fast alle Rechte eraten.

Das hat besonderen Spaß gemacht: Zu raten welchen feustos diese geschichte erzählt.

Das war schwierig: Eine eigene geschichte zu schreiben.

Das habe ich nicht verstanden: ?

Das war besonders hilfreich: Das wir endlich mal wider in Patner arbeit arbeiten konnten.

Und das würde ich das nächste Mal anders machen:

Mehr darauf achten beim Teahma zu bleiben!

-S-

Mein persönliches Lerntagebuch: Tagesbericht

1. Beschreibung

- Datum: 22.11.10
- Thema: Die 4 Kategorien der Kinderrechte
- Aufgabe: ~~Wir~~ Ich hatte einen roten Text und musste mit 3 anderen Farben zusammen ~~die~~ ~~das~~ den Text verstehen.
- Insgesamt war ich mit dem Ergebnis
  - zufrieden
  - X nicht so ganz zufrieden
  - gar nicht zufrieden

2. Meine persönlichen Einschätzungen

Das ist mir gut gelungen: Den Text zu verstehen.

Das hat besonderen Spaß gemacht: mit den gruppen darüber zu quatschen

Das war schwierig: den blauen Text zu verstehen

Das habe ich nicht verstanden: den blauen Text

Das war besonders hilfreich: ?

Und das würde ich das nächste Mal anders machen:

mich mehr anstrengen und zu fragen wenn ich etwas nicht verstehe.

Mein persönliches Lerntagebuch: Tagesbericht

1. Beschreibung
- Datum: 17.12.10
- Thema: Sarala aus Indien
- Aufgabe: Wir mussten ein Rollenspiel von Sarala aus Indien machen (Ich war Sarala)

☒ Insgesamt war ich mit dem Ergebnis
- zufrieden
- nicht so ganz zufrieden
- gar nicht zufrieden

2. Meine persönlichen Einschätzungen
Das ist mir gut gelungen: Saral zu spielen

Das hat besonderen Spaß gemacht: das zu spielen

Das war schwierig: mich in sie hineinzuversetzen

Das habe ich nicht verstanden: Wiso sie so arm ist.

Das war besonders hilfreich: Der Text von Sarala.

Und das würde ich das nächste Mal anders machen:

Das wir das rollenspiel lustig bekommen

7. 5 Lehr-Lernvereinbarungen (exemplarisch)[3]

Lehr-Lernvereinbarung

am Anfang des Schuljahres 2010 Datum: 13.8.

Schüler/in _____ Lehrerin: Bozh

Ziel:
Mein Ziel ist es, im ersten Halbjahr der Klasse 7, im Fach Werte und Normen, die
Note 2-3 zu erhalten.

Dafür werde ich folgenden Einsatz bringen:
Ich werde meine Mappe richtig gut führern und mich viel melden

1. Zwischenbericht (nach der ersten Arbeit) Datum: 1.11.10
Mein Ziel und mein Einsatz stimmen nach wie vor überein.
Mein Ziel und mein Einsatz scheinen auseinander zu laufen. Darum...
wenigstens 1 bis 2 mal melden |3 in der Stunde ums 3 zu kriegen

2. Zwischenbericht (nach Bedarf) Datum: _____
Mein Ziel und mein Einsatz stimmen nach wie vor überein.
Mein Ziel und mein Einsatz scheinen auseinander zu laufen. Darum...

Zielauswertung Datum: _____
Ich habe mein Ziel erreicht.
Ich habe mein Ziel nicht erreicht. Darum...

---

[3] Anm.: Hierbei handelt es sich um eine gut geführte Lehr-Lernvereinbarungen (Nr. 1) sowie vier durchschnittliche Vereinbarungen. Eine schlechte wäre nicht ausgefüllt und würde an dieser Stelle keinen Einblick bieten können.

Lehr-Lernvereinbarung

am Anfang des Schuljahres _7cc_   Datum: _13.8.10_

Schüler/in: _____ Lehrerin: _Busch_

Ziel:
Mein Ziel ist es, im ersten Halbjahr der Klasse 7, im Fach Werte und Normen, die
Note _2_ zu erhalten.

Dafür werde ich folgenden Einsatz bringen:

Mehr mit Arbeiten nicht so viele faxen Machen
lernen und denen nett sein.

_____

1. Zwischenbericht (nach der ersten Arbeit) Datum: _13.8.10_
Mein Ziel und mein Einsatz stimmen nach wie vor überein.
Mein Ziel und mein Einsatz scheinen auseinander zu laufen. Darum...

Mache ich das besser
_____

2. Zwischenbericht (nach Bedarf) Datum: _____
Mein Ziel und mein Einsatz stimmen nach wie vor überein.
Mein Ziel und mein Einsatz scheinen auseinander zu laufen. Darum...

_____
_____

Zielauswertung Datum: _____
Ich habe mein Ziel erreicht.
Ich habe mein Ziel nicht erreicht. Darum...

_____
_____

Lehr-Lernvereinbarung

am Anfang des Schuljahres 2010   Datum: 13.8.10

Schüler/in: _____   Lehrerin: Frau Rusch

Ziel:
Mein Ziel ist es, im ersten Halbjahr der Klasse 7, im Fach Werte und Normen, die Note 2+ zu erhalten.

Dafür werde ich folgenden Einsatz bringen:
Melden, Hausaufgaben machen, Pünktlichkeit
_____

1. **Zwischenbericht** (nach der ersten Arbeit) Datum: 22.11.
   Mein Ziel und mein Einsatz stimmen nach wie vor überein.
   Mein Ziel und mein Einsatz scheinen auseinander zu laufen. Darum...
   Zuhören, melden, bessere Arbeiten!

2. **Zwischenbericht** (nach Bedarf) Datum: _____
   Mein Ziel und mein Einsatz stimmen nach wie vor überein.
   Mein Ziel und mein Einsatz scheinen auseinander zu laufen. Darum...

Zielauswertung Datum: _____
Ich habe mein Ziel erreicht.
Ich habe mein Ziel nicht erreicht. Darum...

Lehr-Lernvereinbarung

am Anfang des Schuljahres _2010_   Datum: _13.08_

Schüler/in: _____   Lehrerin: _Frau Bush_

Ziel:
Mein Ziel ist es, im ersten Halbjahr der Klasse 7, im Fach Werte und Normen, die

Note _2_ zu erhalten.

Dafür werde ich folgenden Einsatz bringen:
Mehr üben, lernen
_____
_____

1. Zwischenbericht (nach der ersten Arbeit) Datum: _1.11.10_
   Mein Ziel und mein Einsatz stimmen nach wie vor überein.
   Mein Ziel und mein Einsatz scheinen auseinander zu laufen. Darum...
   Mehr aufzeigen.
   _____

2. Zwischenbericht (nach Bedarf) Datum:_____
   Mein Ziel und mein Einsatz stimmen nach wie vor überein.
   Mein Ziel und mein Einsatz scheinen auseinander zu laufen. Darum...
   _____
   _____

Zielauswertung Datum:_____
Ich habe mein Ziel erreicht.
Ich habe mein Ziel nicht erreicht. Darum...
_____
_____

Lehr-Lernvereinbarung

am Anfang des Schuljahres _2010_ Datum: _13.8.10_

Schüler/in: _____ Lehrerin: _Busch_

Ziel:
Mein Ziel ist es, im ersten Halbjahr der Klasse 7, im Fach Werte und Normen, die

Note _1_ zu erhalten.

Dafür werde ich folgenden Einsatz bringen:

Zuhören, lehrnen, Helfesen.

_____

_____

1. Zwischenbericht (nach der ersten Arbeit) Datum: _1.11.10_
   Mein Ziel und mein Einsatz stimmen nach wie vor überein.
   Mein Ziel und mein Einsatz scheinen auseinander zu laufen. Darum...

   Sch muss mehr einsatz zeigen!   sN

   _____

2. Zwischenbericht (nach Bedarf) Datum: _____
   Mein Ziel und mein Einsatz stimmen nach wie vor überein.
   Mein Ziel und mein Einsatz scheinen auseinander zu laufen. Darum...

   _____

   _____

Zielauswertung Datum: _____
   Ich habe mein Ziel erreicht.
   Ich habe mein Ziel nicht erreicht. Darum...

   _____

   _____

8. Geschichte „12 Dollar"

„12 Dollar"

12 Dollar war traurig, sehr traurig. Sie wusste nicht, wie es in ihrem Leben weitergehen sollte. Nicht einmal einen richtigen Namen hatte sie. Seit sie denken konnte, nannten sie alle nur „12 Dollar".

Jemand hatte ihr einmal erzählt, das käme daher, weil ihre Mutter, eine dunkelhäutige Ausländerin, sie als Baby für 12 Dollar an einen Mann verkauft hätte.

Nun war sie 13 Jahre alt und lebte immer noch bei diesem Mann, für den sie hart arbeiten musste, jeden Tag 14 Stunden Teppiche knüpfen.

Nachts musste sie im gleichen Bett wie der Mann schlafen.

Sie wäre so gern in eine Schule gegangen, aber der Mann erlaubte es nicht und Kinder mit so dunkler Hautfarbe wie 12 Dollar durften ja sowieso keine Schule besuchen.

Vor einem halben Jahr hatte sie sich bei einem Unfall das Bein gebrochen. Da es keinen Arzt gab, waren die Knochen krumm zusammengewachsen. Seitdem hinkte sie.

Bei der Arbeit hatte sie eine Freundin kennen gelernt, die ihr ein bisschen Schreiben beigebracht hatte. Sie hatte dann begonnen, ein Tagebuch zu führen. Darin hatte sie alles geschrieben, was sie bewegte. Und auch, dass sie den Mann hasste, weil er sie oft schlug und ihr sehr weh tat. Aber der Mann hatte das Tagebuch heimlich gelesen und sie dann halb tot geprügelt.

In ihrer Not hatte sich 12 Dollar einem Geistlichen anvertraut. Der hatte ihr von Jesus erzählt, dass der immer auf ihrer Seite steht und dass sie zu dem beten und ihm alles sagen kann. Das hatte ihr geholfen.

Der Geistliche hatte ihr ein kleines Kreuz geschenkt, das sie oft fest drückte, wenn sie betete. Aber der Mann nahm ihr das Kreuz weg und zwang sie, zu seinem Gott zu beten, der ganz anders war als der christliche Gott. 12 Dollar musste die Religion des Mannes annehmen.

Wenn sie weinte, gab der Mann ihr Schnaps zu trinken. Das tröstete ihren Kummer ein bisschen.

Vor kurzem hatte sie ein neues Wort gehört, von dem sie überhaupt nicht wusste, was es bedeutet. Das Wort war „spielen".

Nun waren Männer in ihr Dorf gekommen, die hatten gesagt, dass alle Kinder, die älter als zehn Jahre sind, Soldaten werden sollen und lernen müssen zu schießen und zu töten, da das Land einen Krieg gegen das Nachbarland führt. Auch 12 Dollar, obwohl sie eigentlich überhaupt nicht zu diesem Land gehörte.

12 Dollar hatte keine Staatsangehörigkeit, da niemand wusste, wo ihre Mutter hergekommen war. Morgen wurde sie nun abgeholt, in den Krieg...

Wolfram Eilerts

9. Informationstexte der Unterrichtsstunde

Es gibt 54 verschiedene Kinderrechte. Diese Kinderrechte sind in vier Kategorien unterteilt.

Zu der ersten Kategorie, den <u>Versorgungsrechten</u>, gehören alle Rechte, die sich mit der Versorgung eines Kindes beschäftigen. Zum Beispiel, dass Kinder immer etwas zu Essen haben sollen oder ein Dach über dem Kopf haben sollen. Außerdem sollten Kinder nicht von ihren Eltern getrennt werden. Kinder müssen auch immer einen richtigen Namen haben und die Staatsbürgerschaft für ein Land.

Zu der zweiten Kategorie, den <u>Entwicklungsrechten</u>, gehören alle Rechte, die sich mit der Entwicklung eines Kindes beschäftigen. Zum Beispiel brauchen Kinder Erholung und Freizeit. Außerdem haben Kinder ein Recht darauf, in eine Schule zu gehen, um etwas zu lernen. Kinder dürfen ihre Religion selber wählen und auch ihre eigene Meinung frei äußern. Kinder haben auch ein Recht auf ihre Privatsphäre, indem sie zum Beispiel ein eigenes Zimmer oder eigenes Spielzeug besitzen.

Zu der dritten Kategorie, den <u>Schutzrechten</u>, gehören alle Rechte, die sich mit dem Schutz eines Kindes beschäftigen. Zum Beispiel müssen Kinder vor dem Krieg geschützt werden und auch vor Kinderarbeit. Kinder müssen vor Missbrauch und Vernachlässigung geschützt werden und auch vor Drogenmissbrauch. Außerdem müssen Kinder vor schweren Krankheiten geschützt werden, indem sie mit Medizin und Ähnlichem versorgt werden.

Zu der letzten Kategorie, den <u>Mitbestimmungsrechten</u>, gehören alle Rechte, die Kindern die Möglichkeit schaffen, eine aktive Rolle in der Gesellschaft zu übernehmen und dort frei die eigene Meinung zu äußern. Außerdem verschaffen diese Rechte den Kindern die Möglichkeit, ihrem Alter entsprechend an Entscheidungen beteiligt zu werden.

10. 13 Kinderrechte (Arbeitsblatt)

Artikel 2: Keine Benachteiligung	**Artikel 7: Name und Staatsbürgerschaft**	**Artikel 9: Keine Trennung von den Eltern**	**Artikel 12: Freie Meinungsäußerung**
Alle Kinder sind gleich und haben die gleichen Rechte. Kein Kind darf benachteiligt werden, - weil es aus einem anderen Land kommt. - weil es eine andere Hautfarbe hat. - weil es ein Mädchen oder ein Junge ist. - weil es einen anderen Glauben hat.	Jedes Kind muss einen Namen und eine Staatsbürgerschaft bekommen. Ein Kind hat das Recht, seine Eltern zu kennen und von ihnen betreut zu werden.	Jedes Kind hat das Recht, mit seinen Eltern zusammenzuleben.	Jedes Kind hat das Recht, seine Meinung zu sagen. Erwachsene sollten die Meinung der Kinder berücksichtigen.
Artikel 14: Religionsfreiheit	**Artikel 16: Privatsphäre**	**Artikel 19:** Schutz vor Missbrauch und Vernachlässigung	**Artikel 24: Gesundheit**
Jedes Kind hat das Recht auf einen eigenen Glauben und das Recht sich noch diesem Glauben zu verhalten. In Deutschland darf ein Kind ab dem 14. Lebensjahr ganz allein entscheiden, welchem religiösen Bekenntnis es sich anschließen will.	Kinder haben das Recht auf ein Privatleben. Niemand darf heimlich in den Sachen eines Kindes stöbern, seine Tagebücher oder Briefe lesen.	Kinder sollen vor allen Formen der Misshandlung, der Vernachlässigung und des sexuellen Missbrauchs geschützt werden durch Beratungsstellen, an die Kinder und Familien sich wenden können, und durch Ämter und Gerichte, die im Notfall einschreiten.	Jedes Kind hat das Recht auf ein Höchstmaß an Gesundheit und ärztlicher Betreuung.
Artikel 28: Bildung	**Artikel 31: Erholung und Freizeit**	**Artikel 32: Kinderarbeit**	**Artikel 33: Drogenmissbrauch**
Jedes Kind hat das Recht und die Pflicht, eine Schule zu besuchen, ohne dafür Geld zu bezahlen.	Kinder haben das Recht auf Freizeit, Spiel und Erholung. Die Städte sollen dafür sorgen, dass genügend Spielplätze und Jugendhäuser eingerichtet werden und dass es interessante Film-, Musik- und Theaterangebote gibt.	Kinder dürfen nicht zu Erwachsenenarbeit herangezogen werden, da dies ihrer Gesundheit und Entwicklung schadet.	Kinder müssen vor Suchtstoffen wie Alkohol, Zigaretten und Drogen geschützt werden. Wer Suchtstoffe Kindern zugänglich macht oder Kinder sogar zum Missbrauch auffordert, muss bestraft werden.
Artikel 38: Kriegsdienst			
Wenn in einem Land Krieg geführt wird, müssen Kinder besonders geschützt werden. Vor dem 16. Lebensjahr darf niemand zum Kriegsdienst eingezogen werden.	Aufgabe: Schneide die Kärtchen aus und sortiere sie den Kategorien zu!		Schutzrecht = grün Entwicklungsrecht = blau Versorgungsrecht = rot Mitbestimmungsrecht = gelb

11. Fotos des Stimmungsbarometers

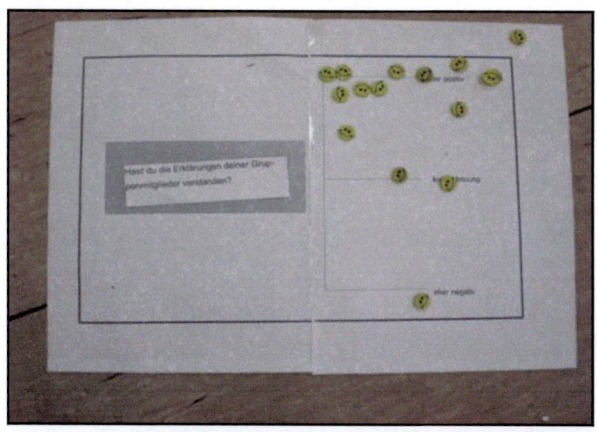

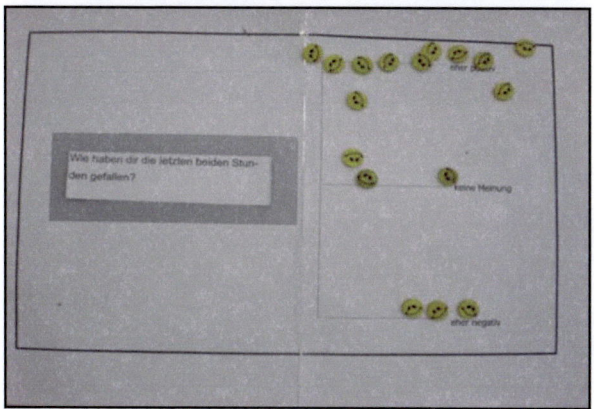

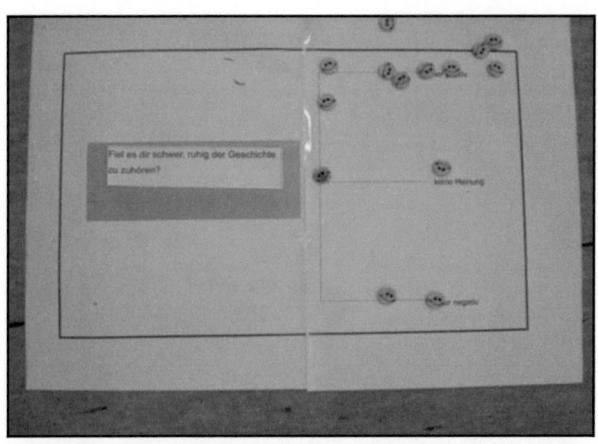
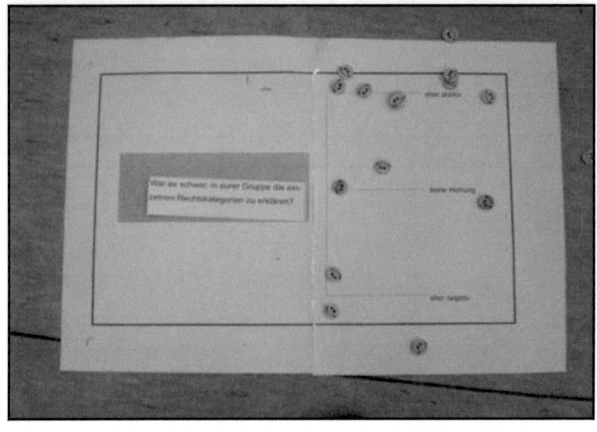

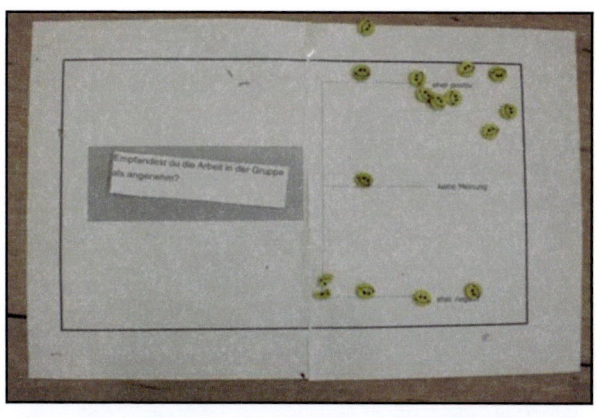
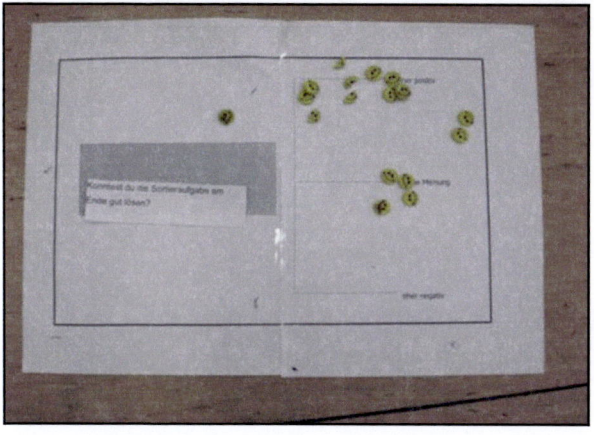

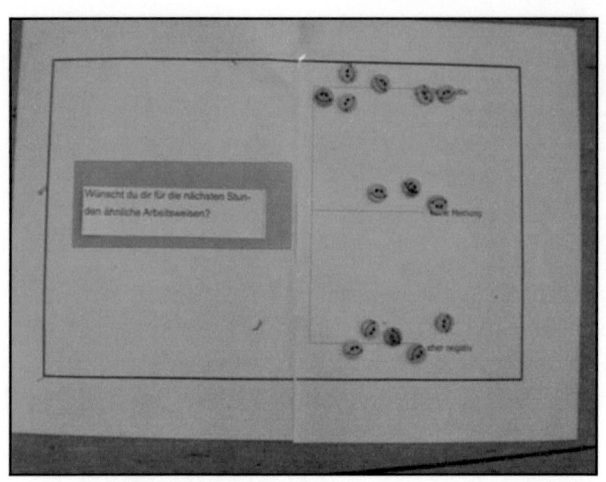

12.5 Schülerfeedbacks

> Es war ganz ok bis auf ein paar Kleinigkeiten. Es gab etwas Streit aber es war ganz ok. Wir haben gute Ergebnisse bekommen.

Es war schöne weil ████
und ████ ~~so mecker müsste~~
~~und~~ ████ ~~Vater~~ gelesen
hat. Es war gut ████ hat alles gemacht.
Ich, ale geschrieben und ████
hat gelesen und ████ auch.

~~Es war grandios, wir haben uns gut verstanden, hatten keine Probleme~~

~~Wir haben grandios verstanden~~

Es war grandios, wir haben uns gut verstanden, wir hatten keine Probleme & waren uns einig.

mach bis ↓

Gruppe
Ein paar haben nicht mitgearbeitet
Keinem sind alle nett gewesen
Wir wurden schnell fertig
war ganz okay

Es war schlecht weil die jungs über ein spiel gelabbert haben. Am ende war es besser sie haben endlich angefangen zu lesen und haben etwas dazu gesagt.